常春藤传记馆

温儒敏／主编

幽默的力量

马克·吐温传

郑以然 著

長春出版社
国家一级出版社
全国百佳图书出版单位

图书在版编目(CIP)数据

幽默的力量:马克·吐温传/郑以然著. —长春:长春出版社,2017.1
(常春藤传记馆/温儒敏主编)
ISBN 978-7-5445-4674-4

Ⅰ. ①幽… Ⅱ. ①郑… Ⅲ. ①马克·吐温(Mark Twain 1835-1910)-传记 Ⅳ. ①K837.125.6

中国版本图书馆CIP数据核字(2016)第279481号

幽默的力量:马克·吐温传

著　　者:郑以然
责任编辑:孙振波
封面设计:楠竹文化

出版发行:長春出版社　　总编室电话:0431-88563443
编辑室电话:0431-88546966　　发行部电话:0431-88561180
地　　址:吉林省长春市建设街 1377 号
邮　　编:130061
网　　址:www.cccbs.net
制　　版:荣辉图文
印　　刷:长春第二新华印刷有限责任公司
经　　销:新华书店

开　　本:787 毫米×1092 毫米　1/32
字　　数:135 千字
印　　张:8
版　　次:2017 年 1 月第 1 版
印　　次:2017 年 1 月第 1 次印刷
定　　价:19.80 元

总　序

温儒敏

十多年前，我主持人民教育出版社高中语文教材的编写，其中选修课就专门设置有《中外传记选读》一种，我自己还动手编写了这本教材。因为受高考“指挥棒”影响，一般学校的选修课未必真能让学生自主选修，很多选修教材编出来都没有使用，但《中外传记选读》一直很受欢迎，每年都有重印。这让我对传记的阅读推广有了特别的关注。

我还注意到最近三四年高考语文试题命制的一种趋向，无论全国卷还是其他省市卷，阅读题往往都选传记作为材料。比如今年（2016年）全国卷的甲、乙、丙三个卷子，文言文阅读的材料全是传记，包括《明史·陈登云传》（甲卷）、《宋史·曾公亮传》（乙卷）和《明史·傅珪传》（丙卷）；现代文阅读的实用类文本也多用传记，节选了《吴文俊传》和《陈忠实传》。可见传记阅读越来越受到重视，考试也有意往这方面引导。

中小学语文教材也应当多选一些传记。现在

教育部正组织编写一套新的义务教育语文教科书，聘我担任总主编，这套新教材就选了不少名人传记，并鼓励学生多读传记。

为什么中小学生要多读传记？我曾在《中外传记选读》的前言中说过理由，这里不妨转述一下：

> 同学们都渴望能拥有健全、快乐和成功的人生，现在的学习阶段就在做准备，而且其本身就已经是你人生经历的一部分。我们该怎样设计自己的人生？当然最重要的还是学习。除了学习文化知识，还要从历史人物或者成功的人物身上学习宝贵的生活道理、人生哲学以及获取成功的途径。这就是励志教育，是人生教育中非常重要的部分。人都需要不断添加生活的动力，特别是在年轻的时候，要有偶像和楷模，有高远目标的激励。如同英国思想家培根所说过的："用伟人的事迹激励我们，远胜一切的教育。"让同学们从那些杰出的成功的人物身上吸取人生的经验，从前人多种人生道路的选择中寻找我们各自的"契合点"，这就是我们设立这门课的主要目的。

这里说的"设立这门课的主要目的"，其实

也是我们推出这套“常春藤传记馆”丛书的目的。

“常春藤传记馆”丛书由北京大学语文教育研究所组织编写，长春出版社出版。全套丛书初步设定为100种，每本10万字左右，其选目、内容和写法都是为中小学生“量身定制”的。我们希望这套丛书能作为基本图书进入中小学图书馆。和其他同类传记图书相比，“常春藤传记馆”丛书有四个特色：

一是传主覆盖范围广。包括中外古今各个领域的名人，涉及政治、军事、科学、实业、社会活动、文学、艺术、革命等领域。重点考虑有代表性的、在精神层面可以给学生激励的那些名人。

二是和课程教学有呼应。中小学除了语文，各个学科的教材和教学都会涉及中外古今各个领域的著名人物，选择主题首先考虑这一情况，选取学生有所接触又可能希望进一步了解的那些名人。这可以满足学生不同的兴趣爱好。

三是专门为中小学生编写。本套传记不是专业性强的评传，而是重在勾勒传主生平事业贡献的小传，内容和文字力求深入浅出，生动形象，有趣有味。阅读对象接受水平可以定位在初中程度，也可以稍高一点。特别是有些理科方面的传记，主要面对高中生。其实，小学生的课外阅读

也要取法乎上，他们可以读这套为中等文化水平的读者设计的书。

四是内容安排上特别注重励志及健全的人格心理引导培养，在叙说传主生平事迹时，适当地自然地凸显这些方面的思考。

丛书取名“常春藤传记馆”，有特别的含义。“常春藤”是一种多年生常绿藤类灌木。美国哈佛大学等几所著名的私立大学，组成体育联盟，叫“常春藤盟校”，其起名是因为这些老校的校舍墙上常攀缘有常春藤。本丛书以“常春藤传记馆”作为标识，是虚拟的意象，可以联想到著名的学府，也可以联想到古代的书院，从而营造浓郁的阅读氛围和宁静的心境。另外，“常春”和“长春”同音，暗含这套丛书是由长春出版社出版的。

但愿广大师生喜欢这套书，也期盼大家提出批评建议，共同来经营好这套书，让“常春藤传记馆”更好地满足广大读者，特别是中小学生课外阅读的需求，满足语文教学的需求。

2016年6月30日济南历下

（温儒敏，山东大学一级教授，北京大学中文系教授，教育部聘义务教育语文教科书总主编）

前 言

马克·吐温（1835—1910），美国最伟大的小说家、演说家之一。他一生著作等身，著有《汤姆·索亚历险记》《哈克贝利·费恩历险记》等长篇小说和《百万英镑》《竞选州长》等短篇小说。威廉·福克纳称马克·吐温为第一位真正的美国作家，“我们都是继承他而来”。海明威曾说，“一切当代美国文学都起源于马克·吐温的一本叫作《哈克贝利·费恩历险记》的书”。马克·吐温这一笔名来源于密西西比河上水手使用的术语，意思是“两个标记”，指船只航行的安全水深。然而，马克·吐温的人生航程并非一帆风顺，相反却是极为跌宕起伏、丰富多彩的。他是不甘平凡的冒险家、浪漫的旅行者、有着顽童心态的斗士，也是忠诚的爱人和女儿们的慈父。在四分之三个世纪的人生旅程中，他经历种种困境，却始终乐观面对。正如他所说：“笑是人类所能拥有的最好的武器。”《北美评论》说：世界上最伟大的幽默家的人生却是由一系列个人悲剧所组成的，命运的嘲讽莫过于此……但在他的心中一直有着一种可以战胜任何消极情绪的精神，即便在一个世纪之后，这种精神仍然存在，给世界上数万人带来快乐。他有着独一无二的天才品质：卓越的幽默，出色的智慧，罕见的哲理，对任何形式的错误都深恶痛绝，始终如一地反对压抑人性的行为……[1]在马克·吐温留下的所有照片、肖像画和雕塑上，他都是一副几乎一成不变、异常严峻的面孔，没有一丝笑容，而他的文字、他的精神却穿越时空，让全世界的人扬起嘴角。

---

①[美]马克·吐温著，哈里特·埃利诺·史密斯编，孟洁冰、申生译:《马克·吐温自传》第一卷(授权完整版)，北京:法律出版社，2012年，第60页。

目录 contents

第一章
无忧童年

在马克·吐温晚年所写的自传中，他把少年时的自己描绘为一个勇敢顽皮、思想自由、充满爱心但又对社会教化习俗充满质疑精神的孩童，这样的少年也出现在他最伟大的作品《汤姆·索亚历险记》《哈克贝利·费恩历险记》中。马克·吐温非常喜欢英国诗人华兹华斯的诗句“孩子是成人的父亲”，或许，这种无拘无束而又无畏的童真状态也是他内心所潜藏并追求的吧。

狩猎队伍后的跟屁虫

快乐不是一件自我存在的东西，它仅是与其他不快乐事情的一个相对比照，仅此而已。

——马克·吐温

密苏里州位于美国的中西部，是美国的第 24

个州，这片领地最早属于法国，后来被美国买下，并在1821年8月10日正式建州。水与船在这里有着特殊的意义，常年不结冰的密苏里河与密西西比河分别从它的西边和东边穿过。密苏里这个名字出自当地原住民的语言，意思是“独木舟”。

密苏里州有个门罗县，这是以美国第五任总统詹姆斯·门罗（1758－1831）的名字命名的。在美国有很多个门罗县，从1799年到1854年的50多年里，美国有12个州设立了门罗县，分别位于密西西比州、亚拉巴马州、艾奥瓦州、伊利诺伊州等地。1835年11月30日，一个婴儿的诞生让密苏里州的门罗县永载史册，也令整个密苏里州至今都自豪地宣称:“我们是马克·吐温的家乡。”

在今天，马克·吐温的确家喻户晓，但说到塞缪尔·朗赫恩·克莱门斯（Samuel Langhorne Clemens），恐怕大多数人都会露出疑惑的表情。其实，这才是马克·吐温的真名。克莱门斯是这个家族的姓氏，而塞缪尔则是马克·吐温的爷爷的名字。像马克·吐温的爸爸那样，用自己父亲的名字为自己的儿子命名，在中国人看来不可思议，但在美国家庭中却很常见。

马克·吐温的父母出生于16世纪与17世纪之交。爸爸约翰·克莱门斯生于1798年，是一位法官，也是一家小杂货店的老板。妈妈简·兰普顿·克莱门斯生于1803年，是肯塔基州兰普顿家族的女儿。马克·吐温是父母养育的第六个孩子，早产让他幼儿时期体弱多病，但他从小就似乎有使不完的精力，头脑里充满了各种稀奇古怪的想法。

马克·吐温出生的小镇叫佛罗里达，小到只有两条街，每条街只有200米长，镇里的路面是没有铺砌过的土路，砖石搭建的房子一座也没有，各家的房子都用原木搭建而成，而盖房子剩下的木板和半圆形边角料，就用来铺地板或做长凳的凳面。在很多美国小镇里，镇中心最显眼的建筑都是教堂和学校，而在佛罗里达镇，镇中心的那座最大的原木建筑则身兼二职：平时是孩子们的学校，周日是村民做礼拜的教堂。

尽管住在简陋的房屋里，马克·吐温却把那房子看作自己的宫殿——因为那时他太小了，周围的一切看上去都很巨大。在4岁的时候，他离开了这座宫殿，和父母搬到了不远处的汉尼拔小镇，并在那里度过了自己美好的童年时光。汉尼拔虽然是一座小镇，但充满生机，发展速度惊人。这座小镇也是马克·吐温在《哈克贝利·费恩历险记》和《傻瓜威尔逊》中所写的圣彼得斯堡城的原型，是马克·吐温的童年乐园。

马克·吐温有不少叔叔、伯伯和姨父，其中一个姨父约翰·夸尔兹开了一家小店铺。如果用今天的物价来看，这家店铺里的东西便宜得惊人，一毛钱可以买一只鸡或者四升威士忌，三分钱可以买一打鸡蛋或者 220 克奶油。而所有去买东西的顾客还可以得到额外的馈赠，孩子可以获得半把甜甜的白糖，女人可以得到一个线团，男人则可以畅饮店里自酿的威士忌。

约翰姨父店铺里的东西几乎都来自自己的农庄，那是一个 50 英亩的大农庄，每年小马克·吐温都要去那里住上两三个月。在约翰姨父家巨大的原木房屋里，总是摆满了各种美食：炸得酥脆的仔鸡，烤得流油的猪肉，鲜美的野火鸡，肥嫩的鸭子和鹅，刚从森林捕猎的新鲜鹿肉，还有每次都不重样的兔子、鹧鸪、松鸡。如果你担心这些野味吃得太腻，那么可以配上农场里无比清甜的玉米或是用神秘配方烹煮的利马豆、棉豆、菜豆、豌豆以及酸甜爽口的西红柿、香喷喷的白心土豆和山芋。主食则是南方人引以为豪的烤小圆饼、玉米饼、荞麦饼、面糊饼、热腾腾的小麦面包……千万别吃饱了，因为还有从园子里刚摘下的西瓜、罗马甜瓜，自己酿制的酸奶、奶酪、甜奶。直到你的肚子就快撑爆了，如果再看到那些甜点——苹果饼、桃子饼、南瓜饼、苹果布丁，你一定还是忍不住配上桃子、柠檬水再往胃里多塞一些。

马克·吐温 7 岁开始上小学，他上的乡村小学只有 25 个学生，每周只上一天课！对于小马克·吐温来说，这是他最开心的一段时光。即使在 60 年后，马克·吐温仍然充满感情地写道：

> 如今我依然能清晰地回忆起丛林深处的神秘气氛和黎明时刻的庄严色彩。那泥土的气息，野花淡淡的芳香，雨后簇叶的光泽，凉风吹过后雨珠低落的嗒嗒声，林子深处啄木鸟的咚咚声，还有那深林里野鸡低沉的鸣叫，受惊的野兽从草地上匆匆掠过。
>
> 我还记得那大草原上的岑寂与宁静，雄鹰在半空停着不动，展开双翅，衬出一片蓝天。我能看到，树林披上了秋装，紫色的橡树、金色的山核桃、火红的枫叶和漆树；我能听见，我们踩着落叶时，脚下的沙沙声。

> 我还能看见，小树枝丫上挂着的一串串蓝色的野葡萄；我还记得，那葡萄的芳香和美味。我知道野黑莓长成什么样子，味道又怎么样，还有番木瓜、榛子、柿子。我还能感觉到，在一个霜晨，风一阵阵吹过，胡桃和山核桃像雨点般洒落在我头上，我和小猪争着在地上捡果子的情景。我记得黑莓上的色斑，看上去那么鲜艳；我也晓得胡桃壳上的色斑，拿水和肥皂也洗不掉。我记得我曾试验过，但只是白费力气。我领略过枫树汁的味道，知晓该在什么时候去收集，怎样安装水槽和接管，怎样煎熬汁液，熬成糖之后怎么去偷。我也晓得，偷来的枫叶糖比正当途径得来的，味道要好。至于那些心怀偏见的人怎么说，我才不去理会呢。①

在马克·吐温住的那个农庄里，有太多好玩的动物了。家门口不知道什么时候就会躺上一只憨兮兮的肥猪，四仰八叉地晒太阳。人是别想把它赶跑的，但只要听到邻居家的狗奔袭而来的脚

---

①[美]查尔斯·奈德编，朱攸若译：《马克·吐温自传》，杭州：浙江文艺出版社，2011年，第017页。

步声，它就会以惊人的速度翻身而起，拔蹄就跑，才不管会不会把身上的泥巴溅别人一身呢。

同样，经常跟人不期而遇的还有各种蛇，马克·吐温从小在家门口的大路上认识了不同种类的蛇。响尾蛇个头不小，身体拉长了比一个孩子的个头还高，尾巴能发出清脆的声音，它可是有毒的。大孩子们为了显示自己的勇气，会冒险去打死响尾蛇，赢得小孩子们敬佩的目光。

猪鼻蛇只有响尾蛇的一半大，见到人会发出尖厉的嘶嘶声。孩子们都知道，猪鼻蛇是个胆小鬼，它其实不敢攻击人类，如果孩子们挺身向前，猪鼻蛇甚至会倒地装死，希望躲过一劫，这是连小孩子也敢去打的一种蛇。

不过，如果遇到青蛇和黑蛇或者滚环蛇，无论大孩子还是小孩子，都会做出一样的反应——以最快的速度转身逃跑。

小马克·吐温最喜欢的是家蛇和束带蛇，这两种小蛇都是无毒的。每当看到这两种蛇，小马克·吐温就会把它们捉起来，缠在手上，或者塞进衣兜带回家，趁帕奇姨妈不注意的时候，把这滑溜溜的小可爱放在她的针线筐里，上面再小心地盖上帕奇姨妈正缝到一半的围裙。想想吧，帕奇姨妈可是家里最害怕蛇的人，不知道有多少个温馨的夜晚，当她舒服地坐在她的大躺椅上，乐呵呵地把针线筐抱在怀里，招呼全家人欣赏她绝妙的手工作品时，哦——当她掀开那条美丽的围裙，哧溜——一条蛇直接慌不择路地钻进她的怀里！帕奇姨妈的尖叫声和小马克·吐温的笑声同时掀翻了屋顶。

小马克·吐温需要精确地判断每个人最害怕的动物，他的恶作剧才能达到吓人的最佳效果。帕奇姨妈的妹妹，也就是小马克·吐温那位温柔和蔼的母亲，能够忍受许多生活中的困难，却唯独忍受不了蝙蝠。为了让妈妈能对蝙蝠也产生足够的爱心，小马克·吐温经常不辞辛苦地跋涉10里地，到一个神奇岩洞，那里有成群的蝙蝠，全飞起来的时候简直遮天蔽日。当然，蝙蝠再多，小马克·吐温却只能抓两三只，不过这也够了，再多的话，他的上衣兜里也放不下了。回家一进门，小马克·吐温就会用欣喜的语调大叫："妈妈，我回来了，看我给你带了什么礼物？就在上衣兜里呢。"而他可怜的妈妈每次都会毫不犹疑地把手伸进那塞满还在蠕动的蝙蝠的衣兜……

在家乡，打猎不仅是大人们的工作，也是令

小孩子兴奋的娱乐活动。在猎鸟季节，密苏里的森林里会飞来成群结队的各种野鸟，它们五彩斑斓的翅膀就像天上的彩云，而当这些鸟儿都落在树上啄食野果时，连树枝都承受不了那么大的重量而折断。猎人们随便往天上放一枪就有无数野鸟扑簌簌掉下来。当鸽子们成群地在地上漫步时，甚至连孩子都可以操着树枝轻松地打到它们，不费一枪一弹。

最让小马克·吐温着迷的，是参与大人的外出狩猎，那可是非常刺激的。如果第二天要出去打猎，小马克·吐温头一天晚上就会兴奋得睡不着觉。队伍出发总是在半夜，天上只有朦胧的月光，而且几乎全被茂密的枝叶挡住了。小马克·吐温通常会穿着自己最厚、最结实的衣服，以抵御夜里的寒气，并防止粗粝的树枝划伤自己的手臂。他紧跟着大人们，队伍在森林里静悄悄地前进，森林里的鸟兽大部分还在沉睡，偶尔有人踩断一根枯树枝，会惊醒一只警觉的小兔。

一旦到了事先打探好的地点，便会有人举起一只铁皮号角，用最大的力气吹响。顿时，粗重的号角声、狂野的狗吠声、尖啸的枪声同时响起，打破了森林的静谧。那些松鼠、松鸡、野火

鸡从美梦中惊醒，慌不择路地疯狂逃窜，大多数都直接撞进了人们的包围圈，成为猎狗嘴里的战利品。战斗会持续个把小时，直到猎人用光了所有的子弹，手里也再拿不动更多的野物。当大人们扛着沉甸甸的猎物，有说有笑地走在回家的路上时，小马克·吐温则喜欢抬头望向天空，在树梢间能看到的最远处，一缕金色的阳光刚刚穿透云层，并把那里的天空都染成粉红色。天亮了。

还有一次，小马克·吐温想参与在夜里对浣熊和负鼠的“抓捕行动”，结果遭到了家里长辈的反对。不过他可没有老老实实地躺在自己楼上的卧室里睡觉，估摸着家里人都睡熟了，他悄悄打开窗栓，推开窗户，在他的小手刚好能够到的地方，恰巧是一根避雷针，小马克·吐温不止一次顺着它爬上爬下，知道它完全可以承受一个孩子的重量，让自己从二楼神不知鬼不觉地滑到地面。就这样，他蹑手蹑脚地溜出家门，和另外几个人会合，追赶已经出发的狩猎部队。

前面的部队走得太快了，尽管小马克·吐温觉得已经是自己最快的速度了，却始终没有缩短与他们的距离。不知过了多久，突然前面传来闹哄哄的声音，小马克·吐温从猎犬的吠叫声中知道，狩猎开始了。于是他拔足狂奔，也不在乎自己是不是摔倒蹭了满身的泥。当拨开一大片荆棘时，眼前是一幅让他难忘的景象：通红的火把照亮了一大片空地，也映红了一张张兴奋的笑脸。空地中间是一棵显然刚被砍倒的树，旁边生起一堆篝火，十几只猎狗和黑人都围着那树和篝火跳跃。黑人的脸庞在黑暗中看不大清楚，但他们的眼珠和牙齿在火光中闪着晶莹的白光。

马克·吐温的代表作《汤姆·索亚历险记》就是对自己童年生活的再现。马克·吐温在该书的序言中写道："这本书里所描绘的冒险故事大多都确有其事，其中的一两件是我的亲身经历，其余的是我儿时伙伴们的故事。"

《汤姆·索亚历险记》是史上最经典的历险记之一，发表于 1876 年，与后来的《密西西比河上的生活》（1883 年）和《哈克贝利·费恩历险记》（1884 年）并称为"密西西比河三部曲"。它也是美国的中小学生至今都会津津有味地阅读和谈论的必读书。

书中的主人公汤姆·索亚是一个小镇男孩，他聪明活泼，充满冒险精神，不喜欢学校里陈腐虚伪的教化和刻板严格的管束。他总是喜欢搞恶作剧，还经常闯祸。汤姆·索亚最好的朋友叫哈克贝利·费恩，他是一个心地善良却没人疼爱的孩子。

一天夜里，两个好朋友偷偷出去玩，结果在墓地亲眼看见了一起凶杀案。惊恐中，他们逃到了一座荒岛当海盗。而就在小镇居民以为孩子们已经遇难并为他们举办葬礼时，他们却从天而降，汤姆·索亚还勇敢地揪出了凶手。再后来，汤姆·索亚与喜欢的女孩在山洞里被困了三天三夜，差点饿死在里面。最后，孩子们不仅脱了险，还意外找到了凶手埋藏的宝藏。

这部小说不仅情节引人入胜，对小镇的人情世态与自然风貌的描写更是细致入微，古板的校长、调皮的孩子、山野的美景都仿佛在眼前。如果想知道小马克·吐温的童年生活是怎样的，不妨去看看这部《汤姆·索亚历险记》吧！

黑人堆儿里的白小孩

善良是一种聋子能听见、盲人能看见的语言。

——马克·吐温

在美国发展的过程中，大批非洲黑人被贩卖

到美国充当劳动力。黑人被当作奴隶从事体力劳动，而且可以像商品一样在市场上买卖。美国独立后，南方仍然保持着奴隶制。与北方的“自由州”相对，南方各州被叫作“蓄奴州”。在马克·吐温小时候，他的家乡密苏里州就是蓄奴州之一，全州每十人中就有一人是黑奴。很多人家都拥有自己的黑奴，或者也可以向农场主雇佣。黑奴每年的工钱和他们的年龄成正比——当然，如果不是太小或太老的话。一个 15 岁的女孩一年的工钱是 12 美元，一个 25 岁的女佣则是 25 美元，一个 40 岁的强壮妇女则能挣到 40 美元，一位男性黑奴一年的工钱有 75 美元到 100 美元。此外，黑奴们还能从主人那里得到一些不值钱的衣服和靴子，满足最基本的替换需求。

在小马克·吐温居住的汉尼拔地区，奴隶制度被看作理所当然。一个白人杀死一个黑奴，没人会感到愤怒和伤感。他亲眼见到十几个黑奴，有男人也有女人，像猪羊一样用铁链锁在一起，躺在路边，等待买主。年幼的马克·吐温甚至目睹过一些悲剧。一次，一个黑奴在大街上被人用大块的坚硬炉渣围殴，最终无助而死。还有一次，一个来自美国西海岸加利福尼亚州的侨民被人用匕首刺死。这些悲剧每到夜晚就会在他脑海中重现，深深地折磨着年幼的马克·吐温，让他无数次辗转反侧。

马克·吐温后来写过一篇小说《一个真实的故事》，记叙了一个 60 岁的黑人蕾切尔大娘的故事。在外人看来，蕾切尔大娘整天脸上带着笑容，仿佛从没有过烦恼。有一天，蕾切尔大娘讲述了自己的真实经历。她曾经有一位与自己非常恩爱的丈夫，两个人生了 7 个可爱的孩子。然而，她的白人主人突然破产了，于是家里的黑奴都要被卖掉。在马克·吐温的小说中，蕾切尔大娘这样说：

> 他们给我们套上链子，把我们放在一个看台上，就像这个台阶这么高——二十来英尺——大伙儿围着台子在下面站着，一堆一堆的人。他们就上来，把我们浑身打量个遍，拧我们的胳臂，叫我们站起来走动，完了他们就说，“这个太老”，或是“这个瘸了腿”，再不就是“这个没多大用处”。后来他们就买了我的老汉，把他带走了，他们又来买我的孩子们，把他们也带走，我就哭起来；那个人就说，“不许你哇啦哇啦地哭”，

伸手就打了我一巴掌。后来都卖完了，只剩下我的小亨利，我就拼命把他抱在怀里，抱得紧紧的，我站起来说，“你们要把他带走可不行，谁动一动他，我就要谁的命！”可是我的小亨利悄悄地说：“我会逃跑，跑掉了我就去做工，给您赎身。”啊，老天爷保佑这孩子，他老是这么孝顺！可是他们拉着他——他们拉着他，就是那些人干的；我揪住他们的衣服，撕破了好些地方，还拿我的链子打他们的脑袋，他们也揍了我一顿，可是我不在乎。

唉，我老汉就那么走了，还有我所有的孩子，七个孩子都走了——有六个我一直到今天都没再看到一眼，算到上个复活节，已经是二十二年以前的事了。

这很可能就是马克·吐温小时候看到的贩卖黑奴的情景的再现，当年曾经触动了小马克·吐温的内心，而他也借自己的笔，让更多的人知道那些黑奴悲惨的命运。

在马克·吐温的这篇小说里，最后有一个令人欢喜的结尾。蕾切尔大娘后来为北方军队的大官做家务，在一次士兵舞会上，碰到了一个时髦的黑小伙儿。蕾切尔大娘还对他发了脾气，骂了一句她的母亲从小就喜欢在家里说的俚语，那个黑小伙儿听到以后愣在了原地。当天深夜，黑小伙找到了蕾切尔大娘，站在她面前，一句话没说。但蕾切尔大娘立刻反应过来，拨开他的头发露出了额头上的伤疤，那是她的儿子亨利小时候留下的，母子拥抱相认。

在马克·吐温的心里，对黑人充满了友善与关切，他发自内心地希望所有被拆散的黑奴家庭都能团聚。然而现实是残酷的，马克·吐温便在自己的小说中营造了一个温馨的理想世界。

在小马克·吐温的周围，他的父母亲戚对待黑奴都非常仁爱，而他自己也跟很多黑奴都是朋友。因此，马克·吐温一直认为，奴隶制会让人变得麻木，但并不是所有的人都残忍冷酷。

让马克·吐温印象最深的是小时候家里的一个小黑奴——男孩桑迪，他来自东海岸的马里兰州，没有人知道他的家人和亲戚在什么地方，他被出售的时候是独自一个人，以很便宜的价钱卖给了马克·吐温的父亲。桑迪有一头浓密的黑鬈毛，长着圆圆的脑袋、圆圆的眼睛，咧开嘴笑时会露出洁白的牙齿。他和这个家里的男孩子们一样顽皮，尤其是当他躲进昏暗的角落时，找到他要格外多费些力气。马克·吐温家里不需要这个孩子做太多的事情，他在这里就显得无拘无束，有时会用听不懂的话念叨个没完，一会儿哭一会儿笑，甚至大声喊叫，把窗外的鸟都要吓掉下来了。有一天，小桑迪不知道想起了什么，一个人在屋里放声歌唱，有的歌是这里的人们听过的，有的歌则是他们从没听过的。桑迪一唱就是一个小时，小马克·吐温开始还跟着哼唱，后来就皱起了眉头，他被桑迪乱七八糟的歌声吵得什么都干不下去。他捂着耳朵又坚持了一会儿，终于忍不住了，跺着脚冲进妈妈的房间：

> 妈妈，请你管管桑迪吧！他已经一刻不停地唱了足足一个小时了！说实话，他嗓子哑了以后的歌声实在是太难听啦。任他这么唱下去，我今天的作业可是别想写完了。妈妈，杰克家的黑奴如果敢这样可是会被关进小黑屋的，我们要不要试试呢？

然而令小马克·吐温万万没想到的是，妈妈放下了手中正缝补的衣物，望向桑迪歌声的方向，眼中不仅没有半点责怪，反而蓄满了泪水。

小马克·吐温被妈妈的样子惊呆了。妈妈抓过儿子的手，凝视着他的眼睛，慢慢地，一字一顿地说：

> 可怜的孩子，只要他在唱歌，就说明他没有在回想从前的事，我就会宽心一点；他若是一声不吭，我怕他是在想心事，我会觉得难受。他再也见不到他的妈妈了。只要他能唱歌，我无论如何不应该阻拦他，我只有谢天谢地。等你长大些，你会理解我的，到那时，那孤苦无依的孩子的吵吵嚷嚷，只会叫你高兴。①

妈妈的话让马克·吐温的心里也难受起来，自己的小手现在被妈妈紧紧握着，而那个和自己差不多的小桑迪，他恐怕快要忘记了他的妈妈的样子了，也许那首被桑迪反复唱了几十遍的歌，就是小时候他的妈妈给他唱过的催眠曲。从那天起，小桑迪的歌声再也没有让马克·吐温厌烦过。

---

①[美]查尔斯·奈德编，朱攸若译：《马克·吐温自传》杭州：浙江文艺出版社，2011年，第9页。

小镇里的一个中年黑奴“丹尼尔大叔”是小马克·吐温亲密无间的好友，他有着温厚的性格和善良的心灵，总是在孩子们遇到危险的时候及时出现，简直就是这些淘气包的守护神。马克·吐温把他写进了自己的小说，就是那个乘坐着热气球飘过撒哈拉大沙漠的“吉姆”。

马克·吐温从小跟黑人一起长大，尽管在他成长的年代，美国南方诸州对黑人有着严重的歧视，但他的很多作品里都描写了黑人悲惨的遭遇、正直的品格和纯净的心灵。

在马克·吐温的代表作《哈克贝利·费恩历险记》中，黑人是作品的第二主人公（汤姆·索亚的朋友哈克贝利·费恩是第一主人公，所以这部小说可以看作《汤姆·索亚历险记》的续篇）哈克贝利为了追求自由离家出走，而在逃跑的过程中，他遇到了黑奴吉姆。吉姆是马克·吐温所塑造的一位深入人心的黑人形象，他是一个热情、勤劳、忠诚、讲义气的黑奴。他在历险途中无微不至地照顾哈克贝利，而且富有牺牲精神，常常不顾自己的危险去救助别人。然而在当时的蓄奴制度下，这位有着正直独立人格的黑人却总难逃被当作商品卖掉的命运。最开始他逃出主人家就是不希望自己被卖掉，宁可犯法逃走也不坐以待毙。后来，哈克贝利和吉姆好心解救了两个困境中的人，结果那两个人却是骗子，还偷偷把吉姆卖掉了。后面的故事便围绕着如何营救吉姆而展开。

在这部小说中，两个主人公之间有着各种社会上公认的界限：他们年龄不同，一个是孩子，一个是成人；他们属于不同种族，一个是白人，一个是黑人。然而，他们对自由的向往、对自己尊严的维护以及彼此对友情的忠诚却是一样的。哈克贝利·费恩对黑奴吉姆的态度从开始的捉弄、轻慢，逐渐转变为后来的尊重、信任、生死与共，真实可信而又感人至深。英国诗人艾略特认为哈克贝利的形象是不朽的，这一文学形象的价值与地位可以与唐·吉诃德、浮士德、哈姆雷特等相提并论。

在这个故事中，追求自由是一个根本主题，无论白人小孩，还是黑奴吉姆，都为自由而战。为此，他们甚至可以不惜以生命作为代价。而这，既属于那个时代的宏大主题，也是马克·吐温带给我们的永恒的精神。

大家庭中的淘气包

当我是一个14岁的男孩时，我觉得我的父亲什么都不懂，我简直不想跟他待在一起。但当我21岁的时候，我惊讶地发现他居然在7年里懂得了那么多东西。

——马克·吐温

马克·吐温的父亲和母亲于1823年在雷克新顿结婚，当时两个人没有什么资产。结婚后他们先是住在田纳西州的杰姆斯敦，在那里生下了马克·吐温的几个哥哥和姐姐。马克·吐温的大哥叫奥利安，是家中长子，活到了72岁；大姐叫帕梅拉，活到了75岁；二姐玛格丽特在9岁时夭折，二哥本杰明在10岁时夭折。而马克·吐温和弟弟，是19世纪30年代初全家搬到了密苏里州后才出生的。

马克·吐温的父亲是一个勤奋而有能力的人，在杰姆斯敦为这个家庭积攒起了最初的财富，甚至成了芬屈雷斯镇最富有的人。1830年，他用400美元——在当时是很大一笔钱，买下了一处约10万英亩的田产。他对这片土地怀有巨大的期待，正如他所说："今后不管我会发生什么事，我的子孙是有保障的。在我有生之年，我看不到这些土地变为金银财富，但我的孩子们会看到。”

马克·吐温的父亲一次又一次对孩子们讲起这片土地，在他充满深情的描述中，这片土地简直就是财富的聚宝盆：

> 这一地带铁矿丰富，其他矿藏也不少。有好几千英亩全美国最好的黄松木，可以把它们编成木筏，沿奥勃兹河顺流而下，到坎伯兰；从坎伯兰放下去，到俄亥俄；再从俄亥俄放下去，到密西西比；从密西西比，就可以到任何需要木材的地方。在这一大片松树林里，有取之不尽的煤焦油、树脂、松节油。这里还是天然的产酒区。在美国，任何地方的葡萄藤，无论是人工栽培的或是别样的，都生长不出这样好的野生葡萄。这里有牧场、玉米地、小麦地、山芋地，有各种各样的木材。这里地上地下，宝贵的东西应有尽有，这片土地有着难以估量的价值。美国有 1400 万人口，在 40 年之内增长了 1100 万，今后还会以更快的速度增长。将来我的孩子们会看到，大量的移民会朝着田纳西州

的芬屈雷斯蜂拥而来。到那时，他们手里拿着的10万英亩上好土地便会成为神话般的财富了。[1]

事实上，这片土地的价值比马克·吐温的父亲当时所能想象到的还要高，因为它的下面还有煤炭、石油，只是当时没有人知道。而另一点他无法预料的是，未来这个地区会成为美国的一大交通枢纽，铁路必须从这里经过。

马克·吐温的父亲坚持每年为这块地缴纳5美元的土地税，但在他生前，这片土地并没有为他带来可观的收入。他刚在土地上种植了葡萄，据一位酒商鉴定非常适合酿葡萄酒，但还没来得及将葡萄变成美酒，1834年金融风暴便爆发了。在这场金融风暴中，他的3500美元资产缩水到仅剩800美元。

马克·吐温的父亲是一个自尊心很强的人，他决定带领全家移居他处，东山再起。他们搬到了当时偏远的密苏里州的佛罗里达，开了间小店，生意却很一般。

---

①[美]查尔斯·奈德编，朱攸若译：《马克·吐温自传》，第31页。

搬到汉尼拔以后，马克·吐温的父亲当上了治安法官，重新获得了一定的社会地位。然而没过几年，他出于好心为一位朋友做担保，却没想到这位朋友早有预谋，负债逃跑，为清偿债务，马克·吐温一家重又陷入贫困。

1847年，马克·吐温的父亲被选为塞罗格特法院的书记官，这在小县城里可是一件大事，家家户户都来祝贺，将克莱门斯先生视作小县城德高望重的头面人物。马克·吐温全家都非常高兴，苦尽甘来，他们终于可以过上相对体面的生活了。然而幸福的到来伴随着悲剧。2月，马克·吐温的父亲去帕尔马拉宣誓就职，回来的路上遇到了罕见的寒冷天气，寒风裹挟着冰冷刺骨的雨水呼啸而下，而新任的书记官独身骑着一匹跑不快的瘦马，他在暴风雨中浑身湿透地走了12英里，到家的时候已经冻得说不出话来了。

马克·吐温的父亲还没有正式履职就病倒了，他得了胸膜炎，这在当时的医疗条件下是严重的疾病，随后又引发了各种并发症，他在病床上坚持了一个月，于3月24日去世。他的临终遗言是："紧紧守着那块土地，等待时机，千万别让它被别人骗了去。"

马克·吐温的母亲出身于兰普顿家族，也就是杜拉姆伯爵家族，这个家族曾是英国的封建领主，在900多年里拥有显赫的地位和家族的领地。而当她来到北美大陆后，便不再拥有名门的地位和巨大的财富，她拥有的全部只是她完美的人格。

马克·吐温的母亲是一位极其善良、宽容的人，她对生活中的一切都充满友善。她没有受过太多教育，但她能用最简单的话语，用自己的实际行动，教会孩子们成为同样善良的人。她曾经在家里收养了19只流浪猫，尽管这些猫给她带来了很多麻烦，但她也绝不会把它们抛弃，她甚至不舍得把它们关在笼子里，因为她觉得这就剥夺了小动物的自由。自然，她也从不对家里的黑奴高声呵斥或者颐指气使。

这个女人有着柔弱的外表，看上去弱不禁风，但埋藏在纤瘦的身材之下的却是一颗坚强的心。有两件小事给马克·吐温留下了深刻的印象。

在一个阳光刺眼的午后，马克·吐温的母亲刚从市场回来。圣路易斯的街道上难得的安静，三三两两的行人随意漫步，轻声说笑。突然，一阵吵闹声打破了这种祥和的气氛。原来是一位赶车人在训斥他的马，那匹马身后拖着一辆大车，装满了货物，显然是要去市场售卖的。不知为什么那马停下了脚步，眼看市场就要关门，赶车人正在气急败坏地催促它，手里的鞭子已经高高举起。赶车人个子魁梧，常年的重体力劳动让他的肌肉十分发达，胳膊有孩子的大腿那么粗。他头发蓬乱，络腮胡子几乎挡住了半张脸，但仍能看出他因为生气已经满脸通红。旁边几个小孩子看到他的样子都吓得跑开了，几个女人也因为担心那马被教训后会乱踢乱跑而远远绕开。

马克·吐温的母亲却加快了脚步径直走向那个男人，她的个头还不到那男人的肩膀，然而她毫不犹豫地举起瘦弱的手臂，从那男人的手里夺下了挥舞的皮鞭。那男人显然吃了一惊，没想到这个瘦小的陌生女子会对自己公然发难。接下去，马克·吐温的母亲开口了，尽管她的声音不大，语气却不容质疑：“你怎么忍心用鞭子抽打你的马？它是你的朋友、家人。你所有的工作都依赖它来完成，而你赚取的收入又分给它多少呢？这么热的天气，也许它只是太疲劳，或者口渴难耐。你最好把它牵到树荫下休息，给它喂点水。如果你再敢虐待你的马，我决不答应！”

街上的行人甚至听不见马克·吐温的母亲说了什么，他们只看到那个刚才还凶恶暴躁的男人乖乖地牵了他的马到一棵大树下，抚着它的额头喂它喝水。而马克·吐温的母亲则依旧提着她的篮子，平静地往家走去，仿佛这是一件极其平常的事情。的确，类似的事情几乎每天都要发生，她让坏脾气的大人保证不再虐待自己的牲畜，也从淘气的孩子们手中救下过各种可怜的动物幼崽。

在马克·吐温的家乡，有一个面容狰狞、脾气暴戾的科西嘉人，村里没人敢招惹他。有一天，全村人都听见他的怒吼声，大家惊慌地走出家门，看到他十几岁的女儿正哭喊着跑在前面，而这位被愤怒冲昏头脑的父亲则手拿一根绳子在后面追赶，大喊大叫地要把这姑娘捆回家去。姑娘哭着从一些村民身边跑过，而无论男女老幼，都畏惧于她父亲的凶狠，赶紧转身躲回自己家里。眼看姑娘越跑越慢，离身后挥舞着的绳子越来越近了。

这时她跑过马克·吐温的家，马克·吐温的母亲早已打开了大门，一把把姑娘拉了进来，却没有立刻关上大门。后面的叫骂声越来越近，马克·吐温听着姑娘急促的喘息和呜咽声，吓得大叫，让母亲快点关上大门，最好再锁上铜锁，在门后顶上最重的家具——那个科西嘉人的厉害可是全村人尽皆知的。但他的母亲只是自己站在了门口，张开双臂，用单薄的身躯挡在那里。

科西嘉人转瞬之间就冲到了门前，他一看就是刚喝了酒，嘴里大骂着各种难听的字眼，甚至举起手臂要打人。马克·吐温为母亲担心到了极点。母亲却不慌不忙，毫无畏惧，甚至连后退半步都没有，而且还敢于开口嘲讽这位大汉：“你的满身力气就是用来教训自己可爱的女儿的吗?”不知过了多久，母亲的话仿佛有了魔法，在这位彪形大汉身上产生了奇迹，这位大汉温顺地把自己手里的绳索交到了马克·吐温母亲的手里，并且用诚恳的语气承认了自己的错误，请求她和自己女儿的原谅。最后，他还对战战兢兢站在一旁的马克·吐温说：“你的母亲是我见过的最勇敢的女人。”事情的结果是，这个科西嘉人居然和马克·吐温的母亲成了好朋友，因为她是唯一一个不怕他的人。

她的宽厚仁心让她一直活到了 88 岁高龄。

马克·吐温的大哥奥利安·克莱门斯比马克·吐温大 10 岁。在马克·吐温看来，大哥是一个品行端正的人，他继承了克莱门斯家族的仁德之心，终生都支持废除黑奴制度，呼吁让黑奴获得与白人平等的社会地位。奥利安是一个非常勤奋的人，总有着充沛的精力。同时，他也是一个忧郁的人。他的一生都游弋在两种截然相反的情绪（乐观与悲观）之间。

奥利安还是小孩子的时候就特别在乎父母的夸奖，长大以后，他想要成功的欲望则更加强烈，但他也有一个致命的弱点——志向容易受到别人的影响而改变。正如有人所说“无志者常立志，有志者立常志”，奥利安脑子里的理想很多，却很少有能坚持到底的。包括他信仰的宗教和党派，都曾经一变再变，以致家人如果好久没见到他，都不知道他现在正参加什么教会，以及支持什么政治主张。

奥利安曾经在圣路易斯当学徒，那时他有个朋友贝茨，他总和贝茨讨论自己的梦想，经常眉飞色舞地对贝茨讲自己对未来人生的设想。他的计划听上去总是非常完美，他的描述让人感觉第二天他就会开始实施，并且很快就能让他成为一名船长、出版商、农场主或者富商。但只要贝茨对此表示怀疑，并举例说明一些困难之处时，奥

利安则往往会叹一口气：“是吗？看来我还没有想到这一点，那么我还是算了吧。”表面上看，他似乎从善如流，乐于听取别人的意见，但其实他只是太容易被别人左右，也太容易放弃了。甚至就算贝茨什么反对意见也没说，第二天早上，奥利安自己也会忘了他昨晚描述的伟大人生计划。最后，贝茨成了林肯先生第一届内阁成员，但奥利安的梦想却始终还是梦想。

马克·吐温还有一个比自己小两岁的弟弟——亨利·克莱门斯。兄弟两个总是互相捉弄。亨利常把马克·吐温干的淘气事儿——譬如偷偷下河游泳之类——汇报给妈妈，马克·吐温却总是抓不到弟弟的把柄。

马克·吐温经常趁妈妈不在家偷吃糖罐里的糖，而亨利由于表现得十分乖巧，所以妈妈以为他从不偷吃。有一天，妈妈出门了，亨利忍不住去拿糖吃，却不小心打破了妈妈心爱的糖罐。马克·吐温暗暗得意，因为以往都是自己惹了祸，亨利去打小报告，这次终于有了“报复”的机会。妈妈回到家看见满地碎片，马克·吐温心中计划着等妈妈一问，就立刻宣布“亨利偷糖吃并且打破了糖罐”这个重大消息。但让马克·吐温没想到的是，妈妈根本没问，而是直接照他的脑袋敲了一下。他委屈地申辩，结果妈妈反而大度地说："算了吧，也没什么大不了的，你打破就打破好了。"

过了几天，马克·吐温又找到一个报复亨利的机会。那天亨利要去园子里干活，他拿了铁皮桶准备上楼去。马克·吐温则提前把楼上的门锁上了。结果亨利爬到二楼，却推不开门。这时马克·吐温在楼下发动了攻击，他把从花园里捡来的大黑土块像雨点一样投向亨利，亨利进不了屋，被土块雨攻击得也没法下来，只好举着桶左右抵挡，但身上头上连连中招，满脸满身都糊满了黑泥巴。不过这场攻击很快便惊动了妈妈，马克·吐温赶紧翻过栅栏逃跑了。两个小时后，他猜测亨利和妈妈应该已经平静下来了，才敢往回走。没想到亨利一直埋伏在屋角，并且准确地用石头打中了小马克·吐温的脑袋，顿时肿起了一个大包。

在一个无聊的午后，马克·吐温自己吃了半个大西瓜。这是一种长圆形的西瓜，所以半个的大小和一般的整个圆西瓜差不多大。在小马克·吐温看来，简直大得像一个摇篮，而把这么大的西瓜皮白白扔掉似乎有些可惜，他从楼上的窗户向下看，结果看到了亨利。淘气的马克·吐温准

确地把西瓜皮扔到亨利的头顶，巨大的冲击力把亨利砸了个大跟头。当然，几天之后亨利又用鹅卵石砸中了马克·吐温的脑袋。

关于马克·吐温和弟弟亨利的很多故事，也被他写进了《汤姆·索亚历险记》里。

马克·吐温有很多叔叔、伯伯、姨父、舅舅，因此也就有很多堂兄、表弟，仅那位农庄主约翰·夸尔兹姨父家里就有8个孩子。这些表兄弟一个赛一个淘气，他们总是一起偷摘又甜又脆的西瓜，把地窖里的冻苹果放在壁炉上烤热。他们用山核桃树皮扎了一架秋千，比赛着看谁能荡得最高。荡秋千时，这些男孩子兴奋得大呼小叫，以致根本听不见秋千架断裂前发出的吱吱嘎嘎的警告。即使有人胳膊被摔断，也不能阻挡其他孩子继续这个危险的游戏。马克·吐温那8个表兄弟在这架秋千上一共摔断了14次胳膊或腿。好了伤疤忘了疼，说的应该就是他们吧。

棕熊的秘密

每个人都是月亮，总有一个阴暗面，从来不让人看见。

——马克·吐温

马克·吐温开始上学了。当时的密苏里只有两所私立学校，一所属于霍尔太太，在大街南头的一座小木屋里；另一所属于萨姆·克里斯先生，在山上的一间木板房中，那里的学生年龄更大一些。小马克·吐温去的是霍尔太太的学校。上学第一天，他就因为屡次违反校规被霍尔太太惩罚，要求他去找一根软枝条鞭子——鞭子是为了让那些违反校规的学生能记住些教训而准备的。结果马克·吐温拿回来一块脏兮兮的烂木板，让霍尔太太哭笑不得。

霍尔太太还教同学们虔诚地祈祷，以实现自己的愿望。马克·吐温的愿望很简单，他的同桌是面包师的女儿，每天都会带一块姜饼当作早点，于是他祈祷自己能得到那块姜饼。不过，他很快发现，与其祈祷，还不如趁那个女孩不注意的时候直接伸手去拿更容易一些。

马克·吐温从小就表现出对文字的敏感。他所上的小学里设有两个奖项。一个是拼写奖，一块圆圆的、闪闪发光的小银奖章上刻着“拼写优秀”几个花体字，这个奖章用于授予那些在一周时间里，在学校的各种大小考试和作业中拼写全对的孩子。另一个是“和蔼”奖，授予那些性格最为和善的孩子。能在脖子上挂上奖章，是全校学生的梦想。然而，这两个奖章总是长久地挂在马克·吐温和约翰·罗巴兹胸前。

罗巴兹是全校出了名的老好人，脾气好得不可救药，从来没有人见过他瞪起眼睛或者高声喊叫。总有人想挑战他的好脾气，激他发怒，而让那个奖牌也有机会挂在别人身上，可无论是抢走他的东西，还是抓一把他的头发，他都只会和气地说“请你把我的书包还给我”，或者“这样是不对的”，他的脸上甚至还有一点微笑，让欺负他的人都没了脾气。

小马克·吐温的拼写则像书上印的一样，无论老师听写多少个单词，让大家写多少页的作文，他都能百分之百地准确写出来。从第一个词的第一个字母，到最后一个词的最后一个字母，都挑不出半点错误。有很多同学不服气，他们拿过马克·吐温的作业和考卷，用放大镜从头看到尾，但仍然找不到一个拼写错误，连大小写都没有错过一次。马克·吐温甚至可以准确写出那些还没有学过的单词。

只有一次，小马克·吐温喜欢上了一个女孩，为了能让她得一次奖章，他在拼写 February（二月）这个单词的时候，故意写成了 Febuary。马克·吐温看到姑娘赢得比赛后乐开了花的脸，心里也美滋滋的。他偷偷想：为了看到这个笑容，漏一个字母算什么，我宁可把所有字母都漏掉呢。

有的时候，马克·吐温会要求和罗巴兹交换奖章来戴。这样，淘气的马克·吐温则有机会装作“最和蔼的人”而招摇过市，而本子上全是红叉叉的罗巴兹也可以尝尝“拼写优秀”的滋味。不过，过不了多久，他们的交换行为就会被别的孩子发现，并报告老师。作为惩罚，老师会收走他们的奖章。不过马克·吐温并不担心，因为每周五下午都是全校的听写大赛，就算他被惩罚性地排在最后，但到比赛结束时，他还是会没有悬念地超过每个人，那枚奖章还是会跟他回家度过周末的。

1849 年，密西西比河一带霍乱流行，人们沉浸在紧张恐惧的氛围中，家家户户都要喝一种据说可以预防霍乱的药水。那药水极其难喝，马克·吐温一口也喝不下去。可是妈妈每天都要检查他的药瓶，看是不是变少了，于是他就偷偷把药水倒进地板缝里。他很得意于这一做法，因为地板在自己的帮助下的确没有患上霍乱。不过有一天，地板下面正好卧着一只猫，并且好奇地伸舌头去接着那灌注下来的药水。几秒钟后，这只猫如同被魔鬼附体，尖啸着顶破地板蹿出地面，在屋里疯狂地四处乱撞，书架被撞倒，沙发被抓烂，花瓶、水杯、锅碗瓢盆应声破碎……没有人敢去阻挡这只猫，马克·吐温只能眼睁睁看着它最后号叫着一头顶破窗户跳出屋外，还用尾巴把窗台上的花盆扫到地上，摔了个稀烂。妈妈闻声赶来，面对屋里的一片狼藉目瞪口呆。无论马克·吐温怎么解释，也逃脱不掉一顿责罚了。

为了管束这个淘气的儿子，妈妈要求马克·吐温每周日晚上去教堂听牧师讲道。可马克·吐温每次都是前脚走进教堂，后脚就溜出去跟小伙伴们玩耍了。终于有一天，他的把戏被妈妈看穿了。因为他去教堂时需要穿着一件黑色长袍，长袍的里衬是金线红格的苏格兰花呢，马克·吐温溜出去玩的时候总是先把这件长袍脱掉，藏在一个地方，一是为了活动方便，二来也怕自己在爬树玩水时弄脏长袍，每次回家前再穿回到身上。结果那天，他回家之前在黑暗中穿反了衣服，将醒目的苏格兰花呢穿在了外面。这让他一下就露了馅儿，显然，如果他真穿成这样在教堂待了一晚，一定会有人提醒他换好的。

在马克·吐温的童年时代，他像很多男孩子一样，勇于冒险，而且对于大人的教导总有些逆反心理。为此他也有过一些惊险的经历，也亲眼看到伙伴付出了代价。

马克·吐温 14 岁的时候，他和一位同龄的伙伴汤姆·纳什在半夜偷偷溜出门，去密西西比河上溜冰。由于天气已经转暖，此时去河面溜冰是大人们严厉禁止的。两人一口气溜到离岸边很远的地方才停下来休息，但就在此时，冰面上传出沉闷的轰隆声，伴随着清脆的连续爆裂声，作为从小在河边长大的孩子，他们知道，冰面要裂开了。掉进水里可不是闹着玩的，刺骨的冷水会瞬间冻结你的动作，任凭你会游泳也很难施展。每年密西西比河都有不知道多少孩子甚至大人溺水。

马克·吐温和汤姆吓得魂飞魄散，立刻脚下生风一般往岸边滑，但冰面已经裂开，有的地方已经漫上了水，在月光下晃着波光。马克·吐温瞪大眼睛，生怕不小心滑进水里。偏偏那晚云彩还来捣乱，时不时把月光遮住，他们滑滑停停，足有一个小时。水面越来越大，两个男孩子必须在浮动的冰块上保持平衡，时不时还得从一块冰块跳到另一块冰块。就在快到岸边的时候，汤姆一次跳跃失误，失足掉进了水里，好在当时离岸已没多远，他浑身湿透地爬上了岸。

这次历险没有给马克·吐温带来什么严重后果，但汤姆则没那么幸运，落进冰水导致他生了一场大病，最后两只耳朵的听力都丧失了。一两年以后，耳聋导致了语言功能的大退化，他从此只能说一些不太清楚的句子，而且由于自己听不见，他完全不能控制自己说话的音量。55 年后，马克·吐温回到家乡，见到了已是满头白发的汤姆。马克·吐温为见到当年的小伙伴感到激动，而汤姆也对周围的人示意，表示自己要与大文豪私下说几句悄悄话。他做出耳语的神秘表情，用手拢着嘴巴贴近马克·吐温的耳朵，用他自以为非常微小的声音轻轻说："萨姆，你跟当年那该死的傻瓜蛋一个样！"而他不知道的是，自己的声音其实像警报声一样震耳欲聋，恐怕整个伊利诺伊州都能听见！

马克·吐温还有另一位童年伙伴——吉姆·沃尔夫，他来自 100 里地以外的另一个村庄，曾借住在马克·吐温家里一段时间。吉姆当年 17 岁，是一个极其腼腆、害羞的男孩子，面对女孩子从来都紧张得说不出话。一个冬天的晚上，马克·吐温的姐姐在家里办了一场派对，邀请了很多20岁左右的年轻男女参加。那场派对热闹非凡，以致马克·吐温和吉姆在楼上根本就无法入睡。

马克·吐温从卧室的窗户向外看去：

屋顶上有六英尺的积雪，积雪上面盖着一层冰，光滑如镜子一般。屋顶上竖着小烟囱，有月光的夜晚，上面一般都是多愁善感的小猫的栖身之处——那天就是个月色皎洁的夜晚。沿着屋檐而下，在烟囱的下方，藤蔓的枯枝占据着一席之地，就像是个凉棚。一两个小时之后，年轻男女就群聚到下面的阴凉处开始欢闹，他们手里托着饮料，把滚烫的糖果扔到结冰的地上降温。到处充斥着欢快的嬉笑，玩笑与笑声不绝于耳——吵闹之声无以复加。[1]

而就在此时，偏偏有几只雄猫爬上烟囱，发

---

①[美]马克·吐温著，哈里特·埃利诺·史密斯编，孟洁冰、申生译：《马克·吐温自传第一卷》(授权完整版)，第171页。

出撕心裂肺的叫声，与楼下的欢声笑语是那么不和谐。吉姆和马克·吐温都被吵得心烦意乱。

马克·吐温故意刺激吉姆道：“你与其在这里对着墙壁发火，倒不如出去把这些吵人的家伙赶走！”

“我为什么要爬出去，除非你给我两分钱。”吉姆显得有点胆怯。

“行了，我知道你其实不敢，不用找借口了。也是，外面的屋顶那么滑，一般人都不会愿意爬出去的。”马克·吐温做出一副体谅的样子。

“我怎么不敢，这有什么难的！”吉姆觉得面子挂不住了。

“好吧，你敢，我从来不怀疑这一点，你多了不起呀，我连说说都不敢呢。”马克·吐温此时在心里暗笑，以他对吉姆的了解，这下吉姆一定会说到做到了。

马克·吐温果然成功地激怒了吉姆，男孩子的自尊心推动他做出了疯狂的举动。

> 他小心地爬了出去，双手牢牢地抓着窗台，直到踩稳后才松开，然后开始用四肢爬行在如玻璃般光滑危险的屋顶上，一次只移动一面的单手单脚……寒风穿过他的短袖

衫，吹拂着他瘦弱的胳膊。在皎洁的月光下，水晶般的屋顶就像是磨光了的大理石般闪闪发亮。那些猫还浑然不知地站在烟囱上，相互敌视，急速地摇摆着尾巴，相互吼出空洞的牢骚。

吉姆小心翼翼、缓慢地向前爬行，但还是有些摇摇晃晃。下面还在嬉闹放纵的年轻人也因为藤蔓的遮蔽而对此茫然不知，用不合时宜的笑声冒犯着屋顶上的这份庄严。最后，他就能伸手够着猫了。他停了下来，小心翼翼地站起身，谨慎地估测了下距离，然后向最近的一只猫猛扑过去——却没抓到。

他也因此失去了平衡，他的脚跟飞了起来，背部着地，像支火箭般沿着屋檐冲了下去——冲破那些藤蔓的枯枝，以坐姿摔在了十四碟滚烫的糖果上，就在聚会场地的正中央，而他只穿着睡衣：这个小伙子可是穿着外套时都不敢直视小姑娘的。现场一阵慌乱和尖叫，吉姆乘乱逃上了楼，破碎的瓦片撒了一地。[①]

---

①[美]马克·吐温著，哈里特·埃利诺·史密斯编，孟洁冰、申生译：《马克·吐温自传第一卷》，第171—172页。

这件事情也是马克·吐温最开心的童年回忆之一。后来他在纽约把这个故事写了下来，起名为“吉姆·沃尔夫和猫”，并且得到了《星期日信使报》付给的25美元稿费。但过了两年，这篇故事出现在了一家田纳西的报纸上，署名却是当时另一位流行作家。几年以后，当这个故事再次以马克·吐温的名字发表时，反而被指责为抄袭了田纳西的那位作者。对这种黑白颠倒的冤枉，马克·吐温并没有做太多辩解。他说：“我并不介意得到如此粗暴的指责，毕竟人生如戏。另外很早以前我就已经懂得，除非你对消除诽谤拥有十足把握，否则攻击它将是愚蠢的行为，很少有诽谤能够经得起沉默的消耗。”①

就在吉姆从屋顶掉下来的那一年，在另一次他姐姐举办的派对上，马克·吐温自己也遭遇了极为尴尬的时刻。

那次派对上有一个短剧节目，剧中由几个孩子分别饰演各种动物。小马克·吐温得知自己被邀请参与表演时高兴地跳了起来，这可是他第一

①[美]马克·吐温著，哈里特·埃利诺·史密斯编，孟洁冰、申生译：《马克·吐温自传第一卷》(授权完整版)，第172页。

次上舞台，在所有人面前演出。他被分配的角色是一只熊。负责道具的大孩子给了他一件特制的服装，那衣服是连体的，从头到脚都是棕色的毛，还有一个能遮住脸的毛绒头套，四肢末端有巨大的手掌脚掌，当这件衣服放在地上的时候还真像是那些猎人家里摆着的熊皮。马克·吐温穿上这件衣服站在镜子前，俨然就是一只大棕熊。他很满意自己扮演的角色，如果演好了当然可以赢得观众的掌声，就算演砸了也没关系，因为反正谁也看不见在熊皮里套的是谁，这真是万无一失。

演出前半小时，马克·吐温已经按捺不住自己激动的情绪，他拉着自己家的小黑奴桑迪钻进了一间“空房间”，里面横七竖八挂着一些从屋顶垂到地面的帘幕，马克·吐温打算在这里最后演习一下自己的动作。为了活动方便，他把熊皮从自己身上暂时扒了下来，而里面，本来是没穿任何衣服的。反正面对的不过是小男孩桑迪，脱光衣服也没什么关系，马克·吐温想。然而，随后发生的事情，成了小马克·吐温刻骨铭心的记忆。

那帘幕已很破旧，上面有许多洞眼。我

> 不晓得后面躲藏着姑娘，自然不会理会这些小事。倘若我早知道，那么，在月光毫不留情地从没挂窗帘的窗口倾斜进来的情况下，我是绝不会脱掉我的衣服的，那样我会羞愧死的。可是我完全没想到这一层。我很快地脱光衣服开始练习。我雄心勃勃，决定要一鸣惊人，通过扮演一只熊来建立声誉，以便今后可以得到更多的邀请。我放开手脚，使出浑身解数。我手脚落地，又跳又蹦，从房间的一角到另一角，来回不停。桑迪在一旁起劲地鼓掌。我学着熊的样子直立起来，吼着，咬着，咆哮着。我又倒立起来，又做前手翻腾越，还把手掌弯着笨拙地跳舞，把鼻子向左面闻闻，再向右面闻闻。我把熊能做的动作全都做了，把熊不会做和不屑做的，也都做了。我决计想不到，在场的除了桑迪，还会有别人看到我在出洋相。最后，我头着地倒立了一分钟，算是休息。①

后面发生的事情你一定猜到了，帘幕后面突

①[美]查尔斯·奈德编，朱攸若译:《马克·吐温自传》第52页。

然爆发出一阵女孩子的笑声，笑得完全忘记了女孩子的矜持，笑得上气不接下气。从笑声中可以判断出来，她们一定已经辛苦地忍了很久，实在憋不住了。这突如其来的女孩子的笑声仿佛给了那只倒立的裸体棕熊当头一棒，棕熊轰然倒下，两条长腿刷到了支撑帘幕的绳子和杆子，帘幕像降落伞一样飘落，下面传来不止一个女孩子的尖叫声，她们边笑边叫，七手八脚地拨弄着盖住自己的帘幕，企图钻出来。而小马克·吐温，则趁着这时机，一把抓起自己的衣服，对小桑迪招了一下手，没命地跑出屋去。

马克·吐温光着脚一直冲到一个黑暗的角落，等小桑迪喘着气追上他时，他已经用最快的速度穿好了自己所有的衣服。但他没有穿上那件威武的熊皮，他也不打算穿了——他实在没脸再去舞台上演出了。

演出开始了，道具师的精心准备让人们大饱眼福，舞台上有披着条纹皮毛的老虎，有摆着大尾巴的狐狸，还有一只身上插着翅膀的锦鸡——翅膀上都是真正的羽毛。但所有观众都惊讶地看到，那位饰演熊的演员不仅不熟悉自己的台词，甚至连张熊皮都没有，他穿着浅色格纹的挺括衬衫，西装裤子出自村里著名的克莱尔裁缝之手，他的动作缩手缩脚，怎么看都是一个文质彬彬的人而不是充满野性的熊。

节目的导演开场前苦苦寻找小马克·吐温，半个小时后他放弃了，临时拉了一位可怜的群众上台去表演，他愤怒而无奈地看着台上尴尬万分的穿衬衫的熊，却不知道，那只本该在台上的棕熊的尴尬只会更多。马克·吐温此刻躲在一座没人的小屋后面，远远地听着这边的音乐和喧闹声，直到声音渐小，灯火熄灭，一切归于平静，他才敢蹑手蹑脚地往家走。整个晚上，他的脸都烧得滚烫，他不想看见任何人。

小马克·吐温在夜色下溜进卧室上了床，发现自己枕边居然被人塞了一张纸条，上面用娟秀的字迹和俏皮的口吻写着：

> 你演熊虽然不一定演得好，但演裸体还真是活灵活现呢——简直演得太好啦！

在英语里，“熊”这个单词是 bear，而“裸体”是 bare，两个词的发音一样。写纸条的人嘲弄马克·吐温演的不是 bear，而是 bare！这下马克·吐温的脸更红了。这些目击者显然看清了他的面孔，知道他是谁，甚至还找到了他的家留下这张字条，这真是太糟糕了！

马克·吐温当时14岁，和所有青春期的男孩子一样，开始注意女孩子，也非常在乎自己在异性眼中的形象，而这一自毁形象的事件在之后很长一段时间里都让他的内心无比纠结。

> 我们总以为男孩子粗鲁，不够敏感，其实并非完全如此。每个男孩子都有一两处敏感的地方，你要是触动那地方，他会感到像是用火来烤一样刺痛。我那段小小的插曲叫我苦不堪言。我以为第二天一大早便会传遍全村，不过没有。知道这秘密的，除了我和桑迪，就只有那两个姑娘。这多少减轻了一些我的隐痛，不过还不够——主要的苦恼依然存在：四只嘲弄的眼睛始终在盯着我，说不定有一千只，因为我老在疑神疑鬼，仿佛所有女孩子的眼睛都是那四只我害怕的眼睛。接连几个星期，我都不敢正面去看任何一个女孩子。每逢女孩子笑着跟我打招呼的时候，我总是惶惑不安地垂下眼睑。我对自己说："那就是两个女孩子中间的一个。"于是赶紧走开。

今天我们所熟悉的马克·吐温的样子，都是从他成名后的画像和照片中获得的印象，那是一副棱角分明、目光凌厉、异常严肃的面孔。而那个把伙伴骗上屋顶、自己扮成棕熊的小马克·吐温，应该也像所有的孩子一样，有着清澈的眼睛和灿烂的笑容吧。

第二章
执着寻梦

美国梦，是美国人共同信奉的理念，它让一代又一代的美国人笃信，只要努力奋斗，人人都可以获得属于自己的成功。在马克·吐温年轻时，美国也是一个年轻的国度，一切都在高速发展，时代瞬息万变，总有新鲜的事物涌现出来。而马克·吐温天生就具有冒险精神，他充满热情地选择了一个又一个工作，勇于尝试各种不同的职业。他没有挣到什么钱，但在不同工作中的体验，在全国各地的游历，以及结识的形形色色的人，成为他所积累下的最大的财富。

领航员

20年后，让你觉得更失望的不是你做过的事情，而是你没有做过的事情。所以，解开帆索，

从安全的港湾里扬帆出行吧。乘风去探索，去梦想，去发现！

——马克·吐温

马克·吐温的父亲于1847年3月因病去世。家里唯一的收入来源没有了，马克·吐温一家跌入贫困的深渊。22岁的大哥奥利安承担起了养家的重任，他远赴圣路易斯，当了一名排字工，省吃俭用，把微薄的工资寄回家里，以此养活全家人。为了节省每一分钱，他两三年时间都不舍得回家。尽管这样，家里的开销还是非常紧张，姐姐帕梅拉也出去教孩子弹钢琴，以此补充捉襟见肘的家用。马克·吐温当时还是个12岁的孩子，但他不能眼睁睁看着母亲和弟弟节衣缩食，于是也毅然退学，去《汉尼拔信使报》应聘，申请做了一名排字工。

这是马克·吐温走进社会做的第一份工作，由于年龄太小，他只能当学徒工，只有最低的待遇。老板管吃管住管穿衣，但没有一分钱工钱。说是管吃，其实每顿饭少得可怜；说是管住，但其实只是住在光线阴暗、气味古怪的印刷间，所谓的床只是身下的一张草垫。马克·吐温一年到头只有一套衣服，那是报社老板阿门特先生的旧衣服，套在马克·吐温的身子上好像小丑的戏服，袖子长得要卷七八层才能露出手指，要想让裤子不拖地则需要把裤带一直提到耳朵旁边。

老板娘也是一个非常吝啬的人，每次给工人们倒咖啡时，她都会把白糖罐紧紧抱在怀里，谁需要加糖，她会先把小糖匙在咖啡里蘸一下，然后伸进糖罐，这样，湿糖匙会粘上薄薄一层白糖，不注意看的话，好像是盛了满满一匙。直到其他的学徒工说出这个奥秘，马克·吐温才恍然大悟，怪不得自己喝的咖啡总是又淡又苦。

但尽管环境极其艰苦，马克·吐温还是保持着乐观的心态。他与另外两位十七八岁的学徒工韦尔斯和拉尔夫成了朋友，这三个正在长身体的小伙子几乎每顿都吃不饱饭，于是当夜深人静的时候，他们就分工合作，一个放哨，一个掩护，另一个顺着一条秘密通道爬到报社的地窖去。那里有大袋的烟草、白糖、咖啡，还有一小堆一小堆的南瓜、西瓜、萝卜等食物，这些都是报社收到的实物报酬。在当时，大多数人如果想要印几张广告或者订报纸，一般会直接把自己地里种的东西换算成相等的价值拿过来。小伙子们会在地窖里挑选土豆或者洋葱之类容易拿也容易弄熟的东西塞进宽大的衣服里，带回印刷间，在那里的炉子上煮或者烤了吃。

1849 年前后，马克·吐温的大哥奥利安向人借了 500 美元，买下了一家报纸——《汉尼拔杂志》，并且邀请弟弟去那里打工，答应每周给他 3 美元左右的工钱。当然，这只是大哥的一个美好设想。这家报社几乎不盈利，以致他想要给马克·吐温发的工资从来也没有兑现过。报社半死不活地坚持了四年，最后还是转让出去了。

1853 年，18 岁的马克·吐温首次离开家乡，外出闯荡。马克·吐温先是去了圣路易斯的《新闻晚报社》，还是做他熟悉的排字工。然后他到了大都会纽约，当时身上全部的财产只有十二三美元。然而在纽约干活工钱不多，住宿却不便宜，所有辛苦挣来的钱几乎全转手给了房东，完全攒不下钱。于是马克·吐温又去了费城，在《询问报》和《公报》当替补工人。几个月后，他再度离开，去了华盛顿，回到密西西比河谷，去爱荷华州投奔他的大哥。那时，马克·吐温的大哥奥利安已经在爱荷华州的马斯卡廷成了家，开着一家小件印刷品厂。马克·吐温在那里干了两年活，虽然大哥没有能力付给他工资。

1856年，马克·吐温去了辛辛那提，在赖特森公司的印刷所里工作了几个月，在那里他认识了形形色色的人。他也读了不少书，尤其是读到了关于亚马孙河的一些探险故事，亚马孙流域的风土人情与奇花异草深深吸引了他。马克·吐温不再甘于在狭小的排字车间日复一日地做枯燥的重复劳动，他开始极度渴望到外面的大自然中闯荡。

1857年，马克·吐温坐船探访亚马孙河，他乘坐的轮船叫作“保罗·琼斯”号。这趟旅程令他充满期待，心情也十分愉悦。他与船上的水手成了朋友，那些水手甚至教会了他掌舵。然而最终他并没有到达亚马孙河——因为根本就没有船开往他想去的南美——却到了新奥尔良，这是美国路易斯安那州最大的城市，是位于南部的大海港。

马克·吐温身无分文，为了谋生，他找到了船上的水手朋友，提出要做一名舵手。在向姐夫借了一笔押金以后，马克·吐温正式开始了他的第二份工作：密西西比河上的舵手。

密西西比河被称为美国的母亲河。这条全长3767千米的河流不仅是北美大陆最长的河，也是世界第四大河，还是美国境内唯一一条从北向南流的河。1803 年，在路易斯安那购地案中，密西西比河正式并入美国版图，成为美国的经济命脉。这条河，也在马克·吐温的生命中刻下了最深的烙印。

早在马克·吐温还是孩子的时候，他就梦想成为一名密西西比河上的船员。那时他住在河畔的汉尼拔小镇，宽阔的河面每天运载着许多轮船经过小镇，它们来自上游的圣路易斯或者下游的爱荷华。每当轮船驶近码头，整个小镇都喧闹起来，男孩子们都会贪婪地盯着甲板上飘扬的旗帜和神气的水手。领航员在当时是非常优越的职业，受人尊敬而且收入颇丰。马克·吐温在后来不得不离家谋生前，甚至发誓自己如果不当上领航员，就再也不回家乡。

马克·吐温往返于新奥尔良和圣路易斯之间，用了 18 个月的时间，成为密西西比河上一名优秀的领航员。成为领航员以后，马克·吐温每个月可以拿到 250 美元工资，甚至可以开始接济哥哥的生活了。

作为领航员，需要学会密西西比河流域的语言。在马克·吐温看来，变幻的河水如同一本神奇的书，它滔滔不绝地对马克·吐温讲述着自己的思想，四年里每天都诉说着一个崭新的故事。

马克·吐温之后多次自豪地宣称，在密西西比河上当领航员的几年是他一生中最棒的一段时光。他广为人知的笔名“马克·吐温”就是他在密西西比河这几年最常用的一句水手的术语，它的英文原义是“(水深）两个标记”，相当于12英尺，这是船只的安全航行条件。每当船的吃水深度不确定时，测量员就会把测深锤贴着船舷放进水中，大喊“测标两浔”，一浔是6英尺，两浔也就是12英尺，如果水深不到12英尺，船就会搁浅，作为领航员的马克·吐温是要负责任的。

密西西比河是美国文化的摇篮。大作家威廉·福克纳的大多数作品的背景都是密西西比河地带。黑人蓝调音乐也起源于此。马克·吐温的《汤姆·索亚历险记》《哈克贝利·费恩历险记》《密西西比河上的生活》《傻瓜威尔逊》等等都以这里的人文风情为写作素材。波涛壮阔的水面、沿岸城镇的风光、居民的生活习惯甚至口音，都成为马克·吐温小说中的材料。

马克·吐温说：“这条河流已然成为时间与变迁、生与死的一枚印记。每当在小说或传记中塑造出一个形象鲜明的人物时，我常常会产生一种温暖的感觉，因为我曾经见过他——就在这条河上。”①

当然，密西西比河航道也充满了暗礁险滩，水流不断把淤泥堆积在旧航道中，又冲刷出新的航道。水面有沙洲若隐若现，还总是漂浮着断木，水中则藏着各种危险的旋涡激流，河底沉没着被遗忘的沉船残骸……

在这条长河上的几年里，马克·吐温经历了许多艰辛，也亲历了各种悲剧。1858 年，马克·吐温在客运快艇“宾夕法尼亚”号上掌舵时，可怕的事情发生了。他在《密西西比河上的生活》这本书中记叙了这悲惨的最后一次航行。

亨利是与马克·吐温年龄最接近的兄弟，两个人从小一起长大，虽然打闹不断，但手足情深。马克·吐温当上领航员后，给亨利介绍了一份轮船助理的工作，带他上了船。然而几天以后，轮船在孟菲斯下面的西普岛发生爆炸，亨利在这场灾难中丧生。

---

①[美]弗瑞德·卡普兰著，王铮译：《在咖啡馆遇见马克·吐温》，哈尔滨：黑龙江教育出版社，2013 年，第 40—41 页。

对于这次悲剧，马克·吐温或许有些预感。他在悲剧发生的两三天前做了一个梦。“在梦中我看到亨利的尸体，躺在金属的棺材里。他身上穿着一套我的衣服，胸前放着一大束鲜花，多数是白玫瑰，正中间有一朵红玫瑰。棺材搁在两张椅子上。”① 因为怕母亲伤心，他生前从没敢提过这个梦，只是悄悄把它记录在了自己的传记里。

西部淘金

取得人生成功需要两个因素：无知以及自信。

——马克·吐温

1861 年，战争封锁了密西西比航道，马克·吐温不得不离开了充满魅力的密西西比河。

马克·吐温的大哥奥利安的一位老朋友贝茨进入了林肯的内阁，他没有忘记奥利安，帮他在内华达找到了一份工作，做一名秘书。内华达当时还没有正式建州，被称为内华达准州。奥利安于是叫弟弟马克·吐温一起去内华达准州。出发

①[美]查尔斯·奈德编，朱攸若译:《马克·吐温自传》，第 111 页。

时，马克·吐温带上了自己几年来在密西西比河上赚的所有钱，大概有 800 美元，全都是硬币，沉甸甸的一大袋。

1861 年 7 月底，奥利安和马克·吐温一起乘轮船到了密苏里州西北部的城市圣约瑟夫。在那里，有长途马车站，提供几乎是穿越美国大陆的长途旅行服务。奥利安和马克·吐温兄弟俩登上了一辆由六匹马拉的四轮马车，把自己所有的钱财行李也装在马车上，此外，马车上还有一些邮包，是要运到西部去的。他们怀揣着对前程的期待与忐忑出发了。

这段旅程马车大概要走十几天，一天大概走 100 英里。为了赶路，有时候甚至 24 小时不停车，只在驿站换一下马匹就上路。从密苏里到内华达要翻越陡峭的落基山脉，山路崎岖险峻，一边是深不见底的悬崖。马车走得非常缓慢，爬山时，还要把马换成更为健硕的大骡子。马克·吐温和奥利安蜷在车厢里不仅要忍受颠簸之苦，更有可能遇到随时发生的危险。

出发三天后，马车经过一片荒野地区，白天一眼望不到边，也没有房屋和人生活的痕迹。刺目的阳光照着大片灌木，只有一些鸟儿不时被马蹄声惊起。下午天色尚亮，车夫却已经开始找驿站歇息，马克·吐温感到很奇怪。

“怎么这么早就找住处呢？天还这么亮，再多走一程不好吗？”

车夫一边张望一边回答：“先生，您不知道，这一片地区刚刚从印第安人手里抢过来，治安非常不好，沿途随时会有盗贼来抢驿车，他们还有枪，我们还是早点找好地方停下来比较好。”

马克·吐温和奥利安面面相觑，不再说话了。

车夫找到了一处驿站停下来，小心地看管着马车，马克·吐温和奥利安吃过晚饭，早早就睡下了。

正睡得香，一声枪响划破宁静的夜空。马克·吐温赶紧翻身爬起来，拉着奥利安趴在窗下，偷偷向外看。只见一个骑着马的邮差从他们窗前疾驰而过，夜色中，看到他身体歪斜，好像已经中了枪，但仍然死命控制住缰绳驾马狂奔。

这时，枪声又响起来，而且越来越密，越来越近，远处丛林里有火把闪烁，还有听不懂的呼喊声。马克·吐温紧张地小声呼唤窗外的车夫，问他到底发生了什么事。

车夫倚靠在窗外的马厩旁边，悄悄告诉他们，这是印第安人发动的一次小的偷袭，目标很可能就是这个驿站。驿站里不仅有邮包，或许还有携带大笔钱财的旅客，因而总是成为抢劫的目标。

马克·吐温按了按自己身下那个装满硬币的袋子，心里忐忑不安。他和奥利安也带了手枪，但没想过真会用到它。

就在这时，驿站长开始还击了，驿站里也有一些枪手，专门保卫驿站的安全，他们此时举起长枪，对着火把来的地方发动了攻击。

马克·吐温赶紧叫车夫也进屋来躲避。车夫进来以后，马克·吐温惊讶地发现他的腿上竟然有一处枪伤。车夫似乎对枪战和自己身上的伤口习以为常了，他告诉马克·吐温，这枪伤是上次拉客人的时候被路上的歹徒袭击而留下的。这对他们这些车夫来讲，简直是家常便饭，袭击他们的是一些逃犯，都是亡命之徒，能从他们枪下保住命就已经非常幸运了。

枪声稀稀拉拉响了小半夜，马克·吐温几乎一夜没睡。

第二天，车夫带他们换马出发。这又是漫长的一天，经过头一晚的惊吓，马克·吐温和奥利安的精神高度紧张，总担心路边的荒草中会伸出一杆枪。一整天道路颠簸，太阳暴晒，天擦黑时，他们终于筋疲力尽地昏昏睡去。

当马克·吐温在习习凉风中睁开眼睛时，发现外面已是黑夜，而车篷上的噼啪声告诉他们下雨了。马克·吐温诧异地问车夫：“怎么今天这么晚了我们还没到驿站？不危险吗？”

车夫回答：“因为下雨，我们常走的那条路全是泥，车轮会陷进去，所以这几辆马车都正在赶往另一处驿站，稍微远一点，估计再过半小时就能到了。”

马克·吐温把头伸出去，果然，前面和后面都有和他们一样的马车，看来都是赶路的驿车。然而他刚把头收回来，外面就传来撕心裂肺的喊声：“救命！救命！”让人立刻汗毛倒竖。

与此同时，车夫反应飞快，狠狠地抽了一鞭子下去，几匹马痛得嘶鸣起来，拔蹄狂奔。马克·吐温和奥利安差点被从座位上甩下去。车夫大喊：“抓牢！有劫匪！我们要全速冲过去！”

车子像飞一样前进，马克·吐温紧紧抓住扶手，努力保持平衡。马克·吐温和奥利安不敢伸出头看，只能祈祷自己的马车跑得再快一点。

感觉过了好久好久，马车才慢慢减速，枪声也渐渐远去了。马克·吐温回头看去，只见远处火光冲天，本来和他们一起的马车也少了几辆。车里被恐惧的气氛笼罩着，谁也说不出话来。

直到第二天天亮，他们终于到了一个驿站换马。人们在驿站纷纷议论着昨晚那场抢劫。原来，那伙劫匪埋伏在下雨天马车的必经之路上。马克·吐温他们前面那辆马车被歹徒最先拦住，车夫没有随身携带手枪，结果被当场打死，车上的财物被洗劫一空。马克·吐温的车夫反应敏捷，趁歹徒还没拦住道路时冲了过去，他们这才躲过一劫。

马克·吐温最终坐马车走了20天，穿越了森林、沙漠、荒野，翻越了高山，终于平安抵达了1700英里以外的内华达州首府卡森城。

内华达位于美国西部，自从1848年美国发现金矿以后，无数人便做着一夜暴富的淘金梦来到西部。这里到处是一派热闹的景象，人人都干劲十足，操着各种工具早出晚归，每天在矿井工作十几个小时，踌躇满志地认为自己马上可以发家致富。马克·吐温最初也加入了淘金大军，和别人一起寻找银矿、水泥矿、铅矿。但和其他千千万万淘金者一样，他们并没有先进的探测手段，只是盲目地在广袤的大地上碰运气罢了。

正如马克·吐温在《加利福尼亚人的故事》这篇小说里写的：当时的美国西部，风景秀丽，气候温和，人烟稠密，大批的淘金者蜂拥至此，掘地三尺想要发现地下的矿产。他们“手拿着鹤嘴锄，带着淘盘，背着号角，成天跋涉。淘洗了不少的含金砂，总想着找到矿藏发笔大财，却总是一无所获”。

西部原野的昼夜温差非常大，有时候白天有30摄氏度，晚上却只有0摄氏度。马克·吐温和同伴希格比住在一间只能容得下两张床的小屋里。按照《加利福尼亚人的故事》里的描写，这种矿工的小木屋大同小异，屋里的一切就是“肮脏的地板、从来不叠被子的床铺、锡盘锡杯、咸猪肉、蚕豆和浓咖啡。屋内别无装饰，只有一些从东部带插图的出版物中取下来的战争图片，用图钉钉在木头墙壁上”。

每天一大早，马克·吐温就和其他探矿者一起到矿井去劳作，用铁镐挖开沙土，用炸药炸碎石块，将矿井一再向下开拓，中午他们就在矿井旁吃饭。然而日复一日，矿井里除了泥土和沙子，没有渗出半点有价值的颗粒。

1861年冬天，内华达传遍了一个令人振奋的消息：一个巨大的银矿在亨伯特尔县被发现了。所有人都摩拳擦掌，准备去那里掘矿。马克·吐温也召集了几个同伴乘马车出发了。几场雪过后，坚硬的地面被冰雪覆盖，马车行走艰难迟缓，照这个速度，320公里路恐怕得走上一星期。

然而，一星期的估计恐怕有点乐观了。在路上，他们遇到了暴风雪，马克·吐温和同伴在风雪中迷了路，前面几辆车不见踪影，连路上的车辙印也被雪覆盖而找不到了，路边也看不见驿站和人家。夜幕降临，他们又冷又困，连点火取暖的工具也没有，加上几个晚上没有睡觉，同伴已经瘫坐在地上垂下了头。马克·吐温心里明白，这时如果坚持不住合上眼睛，恐怕就再也没有机会睁开了，他之前在矿井就听说过有几个工人就是在这样的风雪中被活活冻死的。马克·吐温摇晃着同伴，叫他们无论如何不能睡去，同时也狠狠地掐自己的胳膊和大腿，强迫自己保持清醒。就这样挺过了一个晚上，第二天他们幸运地遇到了一辆马车，终于走出了困境。

最后，他们一行人整整走了两个星期才到达

目的地。但令人沮丧的是，亨伯特尔县和以往尝试过的其他地方一样，他们没有任何收获。马克·吐温和同伴再次出发，打算换一家更远一些的矿场去尝试。

然而行程中总有各种想象不到的麻烦。有一天，天降大雨，洪水冲垮了堤坝，把道路瞬间变成了汪洋，马克·吐温一行人策马狂奔，躲进一个路边搭的简易木板房。木板房有两层，一层被洪水淹没了一半，二层挤满了逃来的行人。大家惊恐地望着下面呼啸而过的洪水，洪水裹挟着断裂的树干、动物的尸体、旅行者的行囊……猛烈地冲击着木板房，发出令人胆战的吱嘎声。

所有人都被困在这里，无法离开，每个人都处于极度惊恐之中。第一天，几乎没人能睡着。第二天晚上，大家才因为过于疲劳而沉沉睡去。但由于屋里太过狭窄，躺下时几乎每个人都和旁边的人重叠在了一起，连手脚都无法舒展。不时有人低声抱怨，或者咒骂有人打呼噜吵得自己无法睡觉。深夜，有巨石从山坡滚落，在木板房的外壁发出巨大的撞击声，有人害怕得哭起来，其他人则烦躁得怒骂那哭起来的胆小鬼。总之，“避难所”里的气氛真是糟透了。

马克·吐温和同伴在这里被洪水困了8天8夜，每人每天只能吃几块饼干，饿得头晕眼花。当他们终于抵达一家石英厂时，简直觉得到了天堂——不但没有了暴风雪、洪水，而且还有吃的东西。马克·吐温在这家石英厂被分配做一份看上去很简单的体力活——筛石英砂，虽然好像不用动什么脑子，但长柄铁锹仿佛和他作对，不是铲不起来，就是在往筛子上撒的同时也会撒自己满头满身。这份工作每周有10美元工钱，伙食也说得过去，正餐有各种腌制的肉类、煮豆子，主食是面包蘸枫糖，还有随便喝的咖啡，甚至每天都有炖苹果干，这在家乡是周日才会吃到的东西。不过，这种“豪华的、粗俗而又奢侈的生活”很快就结束了。马克·吐温幽默地说：“对我来说，干这活太累，我受不了；对公司来说，付工钱给我，让我把沙子铲到我背上去，未免犯不着。所以就在我打算辞掉这工作的时候，我被解雇了。看来老板跟我这个雇工，真是心有灵犀一点通。”①

①[美]查尔斯·奈德编，朱攸若译：《马克·吐温自传》，第121—122页。

可是这样一来，马克·吐温和患难与共的伙伴希格比先后失业，眼看就要喝西北风了。一天早上，无处可去的希格比异常烦闷，在屋里像困兽一样走来走去，他健硕的肌肉在马克·吐温面前晃来晃去。

马克·吐温突然心生一计，他对希格比说："你说你找不到工作？"

"是啊，我不认识什么工头，没人愿意介绍我，连五块钱一天的工作都找不到。"

"那真是可惜了你一身的好力气。如果你愿意听我的，我倒是可以保证你找到工作。"马克·吐温神秘地说。

"当然愿意。我保证听你的！"希格比眼睛放光，把粗壮的胳膊支在马克·吐温的桌前俯下身，耳朵都快凑到他的嘴边了。

"你就去你最想去的那个矿，然后对那里管事的工头说：'我愿意来干活，但我不要工钱。因为我不干活就浑身难受，简直要生病了，干活能让我的身体更舒服，精神更振作。'"马克·吐温一字一句教他。

"什么？不要工钱？"希格比瞪大了眼睛，"那我不是白干吗？"

“不不不，你就照我说的做吧。”

希格比半信半疑，但出于对马克·吐温的信任还是立刻照做，穿上干活的衣服出门了。

马克·吐温在家里舒舒服服喝着咖啡歇了一天，直到天色已晚，希格比才风尘仆仆地推开了屋门。

“嘿！我说，他们还真的给了我一份工作！以前我去找工作他们连看都不看我一眼。”希格比粗声大嗓地叫道。

“不过，他们也的确没给我一分钱。”希格比的声音有点沮丧，“难道我就真的要白干吗？”

马克·吐温慢慢喝了一口咖啡，说道：“你想听我讲讲这个计划吗？”

暂且不管马克·吐温到底说了什么，因为接下去事情的发展，和马克·吐温设计得简直一模一样。

希格比每天一大早就去工地，甩开膀子使劲干活。他有的是力气，别人两个人才能扛得动的袋子，他一只手就能拎起来。他也从不吝惜自己的力气，别人推车往返一趟，他已经小跑着往返了三趟。然而，他卖力地从早干到晚，却绝口不提半句工钱的事。其他工人都背地里笑他一定是有病，不是身体有病，而是脑子有病，哪有干活不要钱的呢。发午饭的老婆婆心疼他干活最多最累，每次都要特意多给他两块面包，希格比对此总是憨厚地笑笑，倒也不会推托，毕竟他使了那么多力气，需要好好补充一下体力。

希格比干活的样子全都被工头看在眼里。这个新来的傻大个干活可真是一把好手，一个人干的活足可以顶两三个人。工头不禁暗自得意，自己等于捡了一个免费劳动力呀。

又过了两天，工头笑得就没那么踏实了。希格比刚来没几天，干活就又快又熟练了。在他的矿上，从来没见过手脚这么麻利的工人。工头打心眼里希望他能一直干下去，偏偏他却不要工钱，谁知道能不能留得住呢。

过了一周，工头更坐不住了，因为旁边两个矿的工头听说这里有一个力大无比的壮汉，而且还不要工钱，他们已经偷偷跑来打听并考察过了。工头心里盘算：万一他们看上了希格比，非要塞给他哪怕半份工钱，我恐怕就留不住他了。与其让他们先下手，还不如我留住他。

于是工头主动叫过希格比，告诉他以后会给他和别人一样的工钱，而且，还把之前白干一周的钱也算给他。

然而，旁边的矿主也想来抢希格比，他们听说以后，主动来找希格比，并开出了更高的工资，是一般工人的两倍，邀请他去那边工作。工头急了，索性开出了三倍的价钱，而且让他升职做自己的副手。

就这样，短短三个星期后，找不到工作的希格比成了方圆几十里工资最高的工人，而且当上了工头。他对马克·吐温简直佩服得五体投地，他所能回报的，就是心甘情愿地负担起马克·吐温的所有生活开销。马克·吐温则在工地上过上了每天看书读报的悠闲生活。

马克·吐温的西部淘金之旅没有从地下挖出半粒金子，但他完成了横跨美国大陆的长途旅行，经历了九死一生的险境，在西部见到了原始野性的风景，认识了来自五湖四海的人，也越发磨炼出了乐观坚忍的意志。这些收获，对一位未来的作家来说，才是最可贵的财富，才是他淘到的真金。

初出茅庐

首先去获得事实，然后你就能够随心所欲地

扭曲它。

——马克·吐温

1862年，马克·吐温和同甘共苦的伙伴希格比分开了。他去了内华达准州的弗吉尼亚城，这里紧邻科莫斯托克矿区，丰富的产出供养了这里的人口，也带来了城市的繁荣。很多在矿区发了财的矿主在这里挥霍消遣，过着灯红酒绿的生活。

马克·吐温来到一家报社《企业报》自荐，因为他曾经给这家报社寄过一些通讯和幽默小品，并且都发表了。报社老板也记得这位年轻的作者，热情地带领他参观了报社。这家报社采用蒸汽驱动的印刷机，在当时是非常罕见的，这引起了马克·吐温极大的兴趣。报社成员不多，有23名排字工和5个编辑。幽默作家威廉·莱特是他们的特邀记者，正好他此刻去旅行创作，要离开很久，于是报社老板邀请马克·吐温留下来，为他们当记者。

马克·吐温非常看重这份新工作，比起玩弄铁镐，还是舞动笔杆更能发挥他的天赋，而且对于社会上的种种现象，他具有比一般人敏锐得多的观察力。

一天走在街上，马克·吐温注意到一辆运干草的车上挂着一个图腾标记，而那是更西边的加利福尼亚州所特有的。他又注意看了一下干草车队里的其他车辆，发现车里的老板们都是风尘仆仆，一副经过了长途跋涉的样子，而且他们装食物和随身物品的箱子非常大，也是只有长途旅行才会用到的。于是马克·吐温跟上车队，趁车夫和老板休息期间上去询问，最后得知这些干草车果然来自于加利福尼亚州。

为什么干草这种东西还需要从别的州运输呢？马克·吐温一旦产生好奇，就立即着手进行了调查。原来，专门有人进行干草长途贩卖的生意，而这生意利润十分惊人。加州本地干草收购非常便宜，而在弗吉尼亚，每吨干草可以卖到将近 300 美元，除去运输费用，还可以赚一大笔，贩卖干草的商人都发了大财。马克·吐温在实习期间写的这篇长篇报道引起了很大反响，也让报社老板非常高兴，觉得自己没有看错这位年轻人。

1863 年，马克·吐温在《企业报》正式成为一名记者，并首次使用了他的笔名“马克·吐温”。他终于走上了他最擅长的职业道路——

写作。

除了具有敏锐的观察力，马克·吐温还非常善于批判社会中的丑恶现象，他语言锋利，从来不畏强权。他每周日发表一篇评论，在自己的文章里，马克·吐温总是尖锐地指出本地州议会的种种弊端，令议员们又气又怕。

马克·吐温联合民间一些知识分子和有识之士，自发地组织起了所谓“第三议会”，这实际上是一个民间论坛，可以对政局自由发表意见，进行批评和建议。马克·吐温不仅策划了“第三议会”的建立，而且也积极参与论坛的活动。有一天，他在“第三议会”扮演州长，发表了一个模拟演说，尖锐地讽刺那些政客的口是心非、欺上瞒下，赢得了全场阵阵笑声。演讲到最后，马克·吐温脱去扮演州长所穿的服饰，重新变回一名有责任感的记者、一名正义的公民，他慷慨陈词：“先生们，你们的政绩与你们的前任毫无区别，你们对自己提交的议案一窍不通，你们对自己参与讨论的问题一无所知，你们表决时更是莫名其妙……”一连串的质问引发了人们热烈的掌声。

马克·吐温的哥哥奥利安正担任内华达准州

的州议会秘书，他经常听取弟弟马克·吐温的意见和建议，希望能为现实政治尽些微薄之力。由于他人品正直，诚实直率，很快便赢得了政界内外的信任和好感，议员们对他言辞客气而尊重。

马克·吐温在工作中发现，内华达准州的公司没有完善的登记制度，这样非常不利于州政府管理。于是他在《企业报》上发表了占半个版面的报道，提出了这个严重缺陷，并且给出了自己的建议——建立执照登记制度。马克·吐温的报道在议会会议中产生了作用，议员们最终经过讨论、投票通过了一项法律，规定凡在内华达准州经营的公司，必须一字不漏地登记公司的执照条款，并交由州秘书保管。而州秘书就是马克·吐温的哥哥奥利安。

克莱门斯兄弟在内华达的这几年，亲眼见证了内华达从准州变成了真正的州。由于州长只为捞取政治资本而并不作为，所以身为州秘书的奥利安实际上代为处理了州长的大部分工作，后来他成为内华达的代理州长，被人们称呼为“克莱门斯州长”。

马克·吐温在内华达也是一帆风顺，报社老板非常看重他，在自己去加州度假的时候，甚至请马克·吐温代理主编，审阅所有的文章，并由他亲自撰写社论。然而，还是发生了一件意想不到的事情。

1864 年 4 月，马克·吐温代理《企业报》主编期间，写了一篇文章，批评一位叫列尔德的先生，披露他不愿意为北方联邦局捐献财物，以救助伤员和病患。

这位列尔德先生，正是当地另一家大报纸——《弗吉尼亚联合报》的主编，本来他就觉得《企业报》抢了自己的生意，这下更是恼羞成怒，于是不顾风度地在自己的报纸上对马克·吐温大肆谩骂。马克·吐温对此不屑一顾，但没想到那些激烈的措辞却激怒了马克·吐温在报社的朋友——史蒂夫。

史蒂夫只是一名普通的排字工，但马克·吐温尽管是记者，还代理主编，却始终和史蒂夫平等相待，当他是知心朋友，经常和他一起喝酒聊天。史蒂夫看到列尔德发表的对马克·吐温的无端指责，心中咽不下这口气，于是热血冲上头顶，给对方写了一封挑战书，提出要与对方决斗。

在那个时候，内华达州还保留着西部牛仔剽悍的决斗风俗。如果有人提出决斗且对方同意应战的话，两个人就要面对面举枪射击，将生死交给枪里的子弹。这可真是把尊严看得比生命还重要呢。

史蒂夫在冲动地写下挑战书的时候犯了两个错误。第一，由于他满心都在替马克·吐温愤愤不平，于是在挑战书的落款处也大笔一挥署上了马克·吐温的大名。这下可坏了，等于他替马克·吐温发起了这次生死挑战。第二，他如果事先稍加考察就会知道，自己挑战的那个列尔德是整个弗吉尼亚城著名的神枪手。

列尔德收到挑战书感到非常意外，马克·吐温看上去不像是这么激进冲动的人，而且他之前明明对自己在报纸上的挑衅表现得淡定从容。同时，他也好奇，马克·吐温为什么明知自己枪技过人还甘愿送死？但既然挑战书已经送来了，他也绝没有不应战的道理，那样岂不是很没面子？于是，列尔德在战书上签上了名字。

直到决斗前三天，马克·吐温才从史蒂夫嘴里知道，自己马上就要走上决斗场了，而且这事已经闹得沸沸扬扬，没有回转的可能了。

在决斗当天，天刚微亮，马克·吐温就在史蒂夫的带领下来到了决斗的地点，那是远离城市中心的一个峡谷。清晨的露水沾在路边的青草与灌木上，闪烁着朝阳映出的光点，阵阵微风带来野花的馨香，带来树林深处婉转的鸟鸣，然而这么美丽的景色，其中一位决斗者将再也无缘看见了。

史蒂夫认真地给马克·吐温讲述该如何进行决斗："首先，你必须沉着冷静，不要急促地呼吸，不然你握着手枪的手就会抖动，子弹就会飞偏。其次，你要瞄准对方膝盖以下开枪，这样既可以为对方留下一条性命，又可以让他接受个沉痛的教训……来，你举枪让我看看姿势。"

马克·吐温一句话也说不出来，他的心脏抑制不住地剧烈跳动。自己当然不想致列尔德于死地，但谁知道列尔德是怎么想的？而且，就算列尔德瞄准的是自己的膝盖以下，万一他打了一个喷嚏，枪口高了那么一点可怎么办？

史蒂夫看马克·吐温半天不抬起手枪，忍不住要自己为他做个示范，他拿过马克·吐温的手枪，平端起来，闭起一只眼睛，瞄准远处树梢上的一只山雀，屏息静气扣动扳机——

呼！山雀应声而落。

马克·吐温和史蒂夫走过去捡山雀，却发现

列尔德和他的助手站在树下，手里捧着那只山雀，脸上是无法掩饰的震惊。

“这只鸟是谁射下来的？”列尔德问话时尾音都在颤抖。

“当然是马克·吐温。”史蒂夫抢在马克·吐温之前回答，“我们来得早，想先试试枪。”史蒂夫看出了列尔德的紧张，他深知，在决斗之前扰乱对手的情绪对己方可是大大有利的。

“从多远的地方开的枪？”

史蒂夫再次抢答：“我想想，大概有 30 码吧。”

列尔德端详了一下手里的鸟，子弹正好贯穿鸟的头部。“我能不能请马克·吐温先生再射击一枪让我们看看？”

马克·吐温的手心都出汗了，别说打中一只飞着的鸟，就算有一头站着不动的熊，他也不敢保证一定能打到它。如果再射击一枪，必然露馅儿无疑。

马克·吐温还没张嘴，史蒂夫干脆地回答：“没有问题，很高兴向您展示马克·吐温先生百步穿杨的枪法！”

这时，列尔德的那位助手再也按捺不住了，冲上来拉住列尔德：“先生，您不能跟他决斗啊，这不是等于自杀吗?!我们别管什么面子了，还是性命要紧啊。”

列尔德也仿佛终于找到了一个台阶，把手里那只鸟恭敬地递给马克·吐温，说：“尊敬的马克·吐温先生，我很佩服您的枪法，也敬重您的为人，我想，我们的决斗就不必了吧。”

还没等马克·吐温回答，列尔德和他的助手转身就走，瞬间消失在山谷中。马克·吐温和史蒂夫望着空荡的山谷，忍不住放声大笑。

然而，虽然决斗并没有发生，马克·吐温却面临法律的指控和制裁。内华达的法律已经制定了针对决斗风俗的专门条款，对决斗的发起者和应答者都将判处两年监禁。史蒂夫的一时冲动，不光差点给马克·吐温引来性命之忧，更有可能给他带来牢狱之灾。为此，在州长的建议下，马克·吐温和史蒂夫立刻启程，离开了内华达州。

漂洋过海

人的一生有两个最重要的日子，一是出生的那天，二是发现你为何而生的那天。

——马克·吐温

离开内华达州，马克·吐温又来到美国西海

岸的加利福尼亚州，到旧金山的《晨报》应聘，继续做了一名记者。但此时，他对于自己从事的新闻工作是否能够深刻揭露社会的黑暗产生了怀疑。

马克·吐温一天的工作安排一般是这样的：

8：00　起床喝咖啡，吃早餐。

9：00　到警察局，收集头一天的新闻。

10：30　到高等法院记录前一天判决的案件。

12：00　吃午餐。

12：30—6：00　在城市各处搜集可供报道的新闻。

6：00　吃晚餐。

7：00—11：00　依次去6家戏院看戏。

11：00　在家撰写新闻报道。

没过多久，马克·吐温对自己的工作简直深恶痛绝。这主要有两个原因。第一，他的工作并没有什么新意，总是在不断重复。譬如在警察局收集的信息，无非就是各种鸡毛蒜皮的吵架、小偷小摸的盗窃，从来没有出现过什么值得一写的大案子。高等法院判决的案子也是如此，他很怀疑是否有人对阅读这样的新闻感兴趣，有的同行为了能让报纸不至于太过沉闷，甚至会编造出几起并不存在的火灾或者斗殴事件。

而晚上在戏院看戏更是一种折磨，马克·吐温每天晚上要花 4 个小时去 6 家戏院，大部分的时间都花在路上，真正在每家戏院坐下来看戏的时间只有 5 分钟。但如果你以为，马克·吐温渴望能坐下来好好看一场完整的戏的话，那你就错了。他连这 5 分钟都不愿看。想想吧，旧金山的剧团就是那几家，他们演出的剧目也就是那几个，当了一段时间的记者后，马克·吐温走进一家剧院，只需要瞥一眼舞台，立刻就知道上面演的是什么戏，连下一个演员要说的话都能背出来。但报纸的报道则是一年 365 天每天都要写不一样的内容，于是他就要在回家以后绞尽脑汁，包括当天演员忘了一句词，第一排的观众在肃静中打了一个喷嚏，这样的事情都是难得的新鲜事。

为此，在那以后的 40 多年里，马克·吐温每当走过剧院门口，就会条件反射般产生一种逆反情绪，谁也别想把他拉进戏院了。

马克·吐温痛恨自己工作的第二个原因是：报纸并不允许他去做公正和正义的报道。

他再也不愿意起早贪黑地为报社采访撰稿了，那些能发的稿件都是千篇一律的陈词滥调、对社会毫无用处的废话。他能懒就懒，能拖就拖，才不管自己交上的稿件够不够报纸的需要。

马克·吐温的消极怠工使报社每天连应有的版面都凑不出来了，于是总编辑要马克·吐温找一名助手。马克·吐温故意找了一位没有什么文化、在账房打工的老实人做助手。而在有了这位助手后，马克·吐温每天连门都不出，全靠助手走街串巷地去收集信息，晚上才潦草地应付几篇稿件。一个月以后，马克·吐温教会了助手写稿，自己更是连稿子都不亲手写了。反正，这家报纸对文字质量的要求也不高。

于是有一天，总编辑巴恩斯先生把马克·吐温叫到了办公室，用充满慈爱但丝毫不容辩驳的措辞解雇了他。这也在马克·吐温的预料之中，因为他也毫无兴趣在这家没有底线的报社再工作下去了。

在这之后，马克·吐温告别了这种需要走街串巷的记者生活，他把在新闻界目睹的咄咄怪事都写进了自己的小说，讽刺了某些新闻从业者虚伪麻木、利益至上的丑态，引发了人们对于新闻道德的反思。

马克·吐温的记者生涯也让他有机会看到人生百态。在几年的采访中，他接触到了各行各业、地位悬殊的各种人，既有在官场呼风唤雨的政客，也有玩弄心机的报界老板，有唯利是图的商人，还有淳朴友善的底层工人。马克·吐温在自己的书中尖锐地批判了那些社会的蛀虫，却无私地赞扬了凭自己双手吃饭的劳动者。他和很多出身贫苦的穷人成为朋友，而且谦虚地向他们学习，夸赞说这些人具有不亚于名流贵族的天赋和才干。吉姆就是其中一个。

1866 年，马克·吐温曾只身前往卡拉维拉斯县的古尔奇矿场，在那里待了三个月，结交了吉利斯家族的兄弟们：吉姆、史蒂夫、乔治和比利。

有两件事吉姆给马克·吐温留下了深刻的印象。一次是有位印第安人打算卖给他们一种少见的野果，吉姆明明不认识，却扬言说自己吃过这种果子，煮一煮简直是人间美味。马克·吐温和另一位朋友迪克都知道这种果子非常酸，于是故意挑动吉姆尝试。激将法之下，吉姆花费了两个小时的火力，煮干了一升水，加了一整罐白糖，最后那果子还是酸得如同地狱之果！但吉姆不肯承认自己的错误，硬着头皮吃光了所有的野果。之后的两天，他牙齿酸倒，嘴唇麻掉，连水都喝不了一口。

还有一次，吉姆穿得土里土气地到旧金山去玩，在台球厅被那些穿着时髦的年轻人嘲笑了。吉姆径直走向那些年轻人的小头目，要求对方道歉。年轻人觉得面前这位乡巴佬很可笑，他傲慢的态度更加激怒了吉姆。吉姆严肃地要求与对方决斗，用双筒猎枪。时髦青年们不以为意，还是嘻嘻哈哈，吉姆的同伴赶紧出面，警告他们吉姆绝不是开玩笑的，如果他说要决斗的话，他可是真会拿起枪来开火的。是的，吉姆就是这么一个言出必行的人。小青年们看着怒气冲冲的吉姆，意识到了问题的严重性，那个小头目无比诚恳地向吉姆道了歉。

在马克·吐温的眼中，吉姆是一个天才，他幽默，有丰富的想象力，可以口若悬河地讲述一个现编的故事，而且栩栩如生，引人入胜。

在那三个月里，吉姆在深夜的火堆边，给兄弟和朋友们讲述的一个个故事都印在了马克·吐温的脑海里。马克·吐温曾经提到，在《哈克贝利·费恩历险记》中，他曾经把吉姆即兴讲述的一个故事写了进去，叫“极度羞愧的悲剧”。马克·吐温还无比谦逊地说：“为了适合付印，我后来把那故事做了较大修改，但这样做，对原来的故事却是个损害。若是照吉姆那样讲法、那样编法，原封不动写出来，则是我听到过的最有吸引力的故事。修改过的故事，淡而无味，软而无力；原来的故事，激情奔放，酣畅淋漓。”①

成名后的马克·吐温始终保持冷静和清醒，并没有被世人的赞誉冲昏头脑，他认为，一个人获得巨大的声望不仅仅出于才能，也需要历史给予机遇。譬如那个一生不为人知的吉姆，本可以成为一个文学巨星或者杰出的演员，但可惜他的天赋始终没有被别人发现。

马克·吐温在小说《斯托姆菲尔德船长访问天国》中用一个故事讲述了自己的这个观点。

斯托姆菲尔德到了天堂以后，便迫不及待地想去瞻仰一下那些盖世无双的军事天才——恺撒、亚历山大、拿破仑。可是天堂里的一位老住户对他说，这几位要是跟一位

①[美]查尔斯·奈德编，朱攸若译：《马克·吐温自传》，第141页。

> 稀有的军事家比起来，只配当一名不起眼的班长。
>
> 那人是个鞋匠，他在新英格兰的乡村里默默无闻地过了一辈子，从来没有看到过一次战争。他在尘世从未被人发现，可是等他到了天堂以后，马上便得到作为军事天才应该得到的各种荣誉。如果地球上的人早知道他是地球上能够产生的最卓越的军事天才，那他早就该得到后来在天堂里才得到的种种荣誉。①

1867 年前后，马克·吐温被萨克拉门托《公会报》聘用，并被委派到今天的夏威夷群岛去采访制糖业。

当时的夏威夷还没有并入美国版图，它是美国人眼中遥远神秘而又美丽富饶的太平洋上的群岛。19 世纪中期，美国西岸旧金山等地与夏威夷之间开辟航线后，每年都有成千上万美国人从大陆到夏威夷去观光、考察，开展宗教和贸易活动。

马克·吐温在夏威夷期间去过瓦胡、毛伊、

①[美]查尔斯·奈德编，朱攸若译：《马克·吐温自传》，第 140—141 页。

大岛。在那里见到了在美国大陆见不到的种种景色：岸上戴着黄白色鸡蛋花的少女在果园采摘，清澈海水中映出五彩斑斓的珊瑚群。他还被壮美的火山熔岩景观所震撼，徒步在火山脚下滚烫的路面上步行了两英里。夏威夷的奇观让马克·吐温为之入迷，他和当地的土著居民一起生活，做了许多有意思的采访，把自己的所见所闻都写成了通讯。这些在夏威夷发表的见闻后来收录在他的第二部旅行文学作品《苦行记》中。

在《苦行记》的最后一部分写道：登上一座高山，俯瞰壮阔的大海，快乐地度过人生。这也是马克·吐温理想的生活。马克·吐温晚年仍然怀念这四个月在夏威夷的美好时光。在他 60 岁环球旅行时，本来可以再度来到夏威夷，但因为卫生检疫问题没能成行，他只能遥望着檀香山岸上的灯光怅然离去。

当年轻的马克·吐温第一次带着采访任务踏上檀香山的土地时，正好赶上了一起新闻事件。一艘快轮“大黄蜂”号在航行中途起火，船员扑灭了烈火，但船也烧得只剩基本骨架，连遮风避雨的船舱都化为乌有。而船上本来只准备了 10 天的口粮，由于灭火花费了时间，船体受损又不能开快，这艘船在海上竟然孤立无援地开了43天，4倍于计划的时间。所有船员都饿得前胸贴后背，瘦得不成人形。马克·吐温采访了这些可怜的幸存者，连夜写出了一篇精彩的纪实报道，而这也是整个加州关于此事件唯一的一篇稿件。《公会报》的总编辑大喜过望，付给了马克·吐温10倍的稿酬。而马克·吐温也因为此事有了点小名气，为他的记者生涯画上了一个完美的句号。

第三章
初登文坛

马克·吐温被誉为“美国文学史上的林肯”，他的讽刺小说超越了美国西部幽默，成为整个民族的声音，继而成为世界文学的瑰宝。他所写的旅行文学、讽刺小品、幽默小说、演讲、剧本合在一起，展现了他丰富多彩的人生广度和深不见底的思想深度。在 2007 年出版的《耶鲁语录》中，所收录马克·吐温的名言多达 153 条。

跳上文坛的“跳蛙”

人类有一件真正有力的武器，那就是笑。

——马克·吐温

马克·吐温的创作生涯开始于 1865 年。1865 年 11 月 18 日，他的《卡拉维拉斯郡著名的跳蛙》发表于即将倒闭的《星期六邮报》，没想到却一

下子传播开来。

在这部短篇小说中，马克·吐温讲述了一个赌徒吉姆·斯迈利的故事。斯迈利是个赌徒，不管遇到什么事情，都要和别人赌上一把，赛马要赌哪匹马更快，看到狗打架要赌哪条狗胜出，甚至遇到两只小鸟站在篱笆上，都要赌一下哪只会先飞走。“我打赌”已经成了他的口头禅。牧师的老婆生了重病，好不容易抢救过来，牧师激动地说：“感谢上帝，我太太一定会好起来的。”但旁边的斯迈利冲口而出的却是：“不不不，我愿意跟你赌两块五，我打赌她肯定好不了啦！”

为了能跟别人打个赌，斯迈利甚至不在乎输赢，总是让别人先挑选哪一边来下注，似乎只要别人愿意跟他打赌他就已经心满意足了。同时，他也养了各种小动物——小狗、小鸡、小猫，这样不管别人有什么宠物，他都可以拿出自己的来和对方比试一下。他曾经养过一只小狗，整天带出去与别人的狗比试，这只狗擅长咬对手的后腿，凭借这招战无不胜，帮他赢了不少钱。直到有一次，对方牵出的狗有着严重残疾，根本没有后腿，这下斯迈利的狗傻眼了，因为绝招失去了用武之地而惨败。

斯迈利还养了一只青蛙，花了三个月训练，最后它可以在空中翻跟头，捉苍蝇，轻盈地跳起，再像猫一样四脚着地稳稳落下。而跳远更是这只青蛙的拿手好戏，简直没有哪只青蛙能跳得比它更远。斯迈利神气地带着他的跳蛙四处找人打赌，而他的跳蛙从来没有输过一次。

有一天，斯迈利遇到了一个陌生人，那人对他的跳蛙表示了好奇，斯迈利当然不肯放过这个机会，恳求对方和自己赌上 40 块钱来赛蛙。“可是，我根本连青蛙都没有啊！”那个家伙说。“没关系，没关系，我这就去帮你找一只青蛙来，你在这儿帮我看着我的青蛙就好了。”斯迈利边说边把自己装青蛙的锦盒塞给他，急匆匆地去找青蛙了。

这人本来要去林子里打鸟，半路上却莫名其妙地被拉入了一场赌博，他拿出斯迈利的宝贝青蛙看了看，有了个主意。他从怀里掏出自己本来要打鹌鹑的铁砂，一手捏开青蛙的嘴巴，一手把铁砂一颗颗全填进了青蛙的嘴里。

没多会儿，斯迈利带着他从泥潭里抓到的青蛙回来了，他把两只青蛙放在一起，神采奕奕地宣布比赛开始，然后对着两只青蛙的后背戳了一下。

那只满身泥巴的、属于陌生人的青蛙立刻跳得老远。而让斯迈利大吃一惊的是：他自己那只训练有素、战无不胜的冠军跳蛙却纹丝不动，只是象征性地耸了耸肩。

斯迈利戳了又戳，跳蛙还是像个秤砣一样定在地上。他的对手立刻抓起桌上的 80 块钱，消失了。

斯迈利垂头丧气地准备抓起青蛙离开时，忍不住喊出声来：“天啊，这只青蛙足有五磅重！”他把青蛙倒拎过来，青蛙张开嘴巴，喷出了四磅半的铁砂……

在这部小说中，马克·吐温发挥了他幽默的功力，他的文字里面藏着很多俚语和方言，制造了不少笑料。他又用美国第七任总统以及另一个著名政治家的名字给小说里的狗和青蛙起了名字，这两个人正好是共和党和民主党的代表人物，只会咬后腿的斗狗和跳不起来的斗蛙也是对这些政治家的权利斗争的一种讽刺。

马克·吐温对文章结构的安排也很巧妙，这个赌徒斯迈利的故事是借另外一个唠唠叨叨的人的嘴讲出来的，他本来应该讲的是另一个斯迈利牧师的事，却用椅子挡路，逼人听完了这个八竿子打不着的赌徒斯迈利的故事。更有趣的是，这个唠叨者讲笑话的时候却完全是一本正经的语气。马克·吐温对自己制造幽默的方式是这样总结的：“幽默的效果取决于‘讲故事的方式’……讲故事的人表情严肃，竭力装出一本正经的样子，似乎他自己根本没有意识到故事中有什么可笑之处。”这和相声演员逗别人笑的时候自己越是板着脸，观众就越觉得好笑是一个道理。

据媒体报道，《跳蛙》一文的发表让“整个纽约顿时大笑”。这只跳蛙一夜之间举国闻名，马克·吐温的才华开始被世人注意到。

尽管幽默总是成为马克·吐温的标签，但马克·吐温却不愿意别人叫自己是幽默作家，他更愿意别人叫自己是讽刺作家、道德家和教师。他说：

> 人类的一个关键特征就是缺乏学的能力，所以尝试去教的作用非常有限。人靠衣装，赤身裸体者对这个社会影响很小，甚至没有影响。这就是个幽默的评论，但它也蕴涵着讽刺和说教的意味。试图影响人们不要毫无遮掩，我说这句话的意思是，你应当为赤裸的一切穿上各种衣服，尤其是那些不被

接受的真相。它的真实、坦白、诚实和真诚应该受到尊重，尽管我们的社会并不喜欢。人们不愿看到、听到或读到真相，所以幽默能把一位作家伪装起来，使他想说的东西更受欢迎。当然，如果除了幽默空无一物，他也就到此为止了。正是幽默给我带来大批听众，驻足倾听时他们就会有远远超过幽默本身的收获，了解到人类状况的一些事实。我一直谨记，身为一个作家和人，做好事是高尚的，但指导别人如何做好事更高尚，而且不会惹上麻烦。[①]

发表在小报上的《跳蛙》给了马克·吐温更多自信，但离马克·吐温心目中的成功还有很远的距离。马克·吐温给自己设立了两个目标，第一个目标是在杂志，而且是具有影响力的大杂志上发表文章。他觉得“仅在报纸上发表过文章称不得什么‘文人’。作为文人应该有更大的成就，

①[美]弗瑞德·卡普兰著，王铮译：《在咖啡馆遇见马克·吐温》，第73页。

只有在杂志上发表过文章才够资格"[1]。于是他勤奋地写作，并给自己知道的杂志投稿，在西海岸的《加利福尼亚人》和东海岸另外几份杂志上发表了十几篇文章。

马克·吐温的第二个目标是成为世人皆知的名人，他有着想要一鸣惊人的强烈渴望。于是他瞄准了当时最有威望的王牌杂志《哈珀月刊》。他将自己之前对"大黄蜂"号帆船海上起火事件的报道，重新写成了一篇精彩的文章——《扁舟上的四十三天》，反复修改打磨后投给了《哈珀月刊》。

《哈珀月刊》给了马克·吐温悲喜交集的结果。喜的是，它们在 1866 年 12 月刊发了马克·吐温的文章。马克·吐温见到自己的文章后欣喜若狂。街头巷尾开始有人议论这篇文章，猜测作者是谁——因为当时杂志刊发的文章并不同时署上作者的名字，而是会在第二年的一月号上统一列出前一年所有作者的名单。马克·吐温数着日子期待着一月那期杂志的出版。但悲的是，一月

①[美]马克·吐温著，哈里特·埃利诺·史密斯编，孟洁冰、申生译：《马克·吐温自传第一卷》，第 135 页。

号终于出版后，却只看到一个叫作麦克·斯万的作者，原来，马克·吐温笔迹太潦草，害得编辑把 Mark Twain 看成了 Mac Swain。

虽然署名错误，但《哈珀月刊》的认可给了马克·吐温足够的信心与鼓励，他将这篇文章投稿成功看作自己成为文人、成为作家的一大标志性事件。

当然，成名之路可不是那么好走的，不得不面对很多挫折甚至是白眼。马克·吐温的一位朋友很欣赏他的文笔，建议他出一本随笔集，并代他收集整理了准备出版的手稿。马克·吐温拿到手稿后从西部飞去了纽约，走进了出版商卡尔顿的公司，然而卡尔顿完全看不上这个不认识的作者。他在唾沫飞溅地自我吹嘘一番之后，趾高气扬地用手指着屋里的书架说道：“看看这些书架上的书吧，有这么多的作者把他们的作品送到我们的门前，求我们出版他的书。送上门的书是这么的多，以致我要想把它们全部看完都不可能，我怎么可能还需要你的书呢?”

不过，马克·吐温没有放弃，他在 1867 年出版了《卡拉维拉斯郡著名的跳蛙和其它随笔》，这是他写的第一本书，也是他在世界各地出版的、用各种文字发表的、几百种著作中的第一本。

21 年后，卡尔顿先生专程到马克·吐温的家中拜访，他比起当年在纽约的时候，样子变了很多，头上有了很多白发，不再是那个张狂的中年人了。他紧紧握住马克·吐温的手，说道：

> 我是个地地道道无足轻重的人，但是我也有些辉煌的业绩，使我有资格永载史册。那便是：我竟然拒绝出版你的书！单凭这一点，我便可以当之无愧地成为 19 世纪的头号蠢驴，谁也别想跟我竞争。①

天才演说家

最好闭上嘴，让别人以为你傻，而不是张开嘴让他们确信这一点。

——马克·吐温

有些人妙笔生花，但言语木讷；有些人能言善辩，却不善写作。马克·吐温却在写作和演讲方面都具有惊人的才华，他也被公认为世界上最伟大的演说家之一。

---

①[美]查尔斯·奈德编，朱攸若译：《马克·吐温自传》，第 161 页。

马克·吐温在文坛崭露头角后，一位剧场老板邀请马克·吐温去他的剧院演讲。在当时的美国，很多稍有名气的人都会走上演讲台，是因为他们的演讲可能为自己赢来更大的名气。30出头的马克·吐温年轻气盛，第一次登台，他在自己的演讲海报上写道：

> 门票一元，七点半开始入场，八点钟才来的观众势必会有些麻烦。

对于这首次演讲，马克·吐温是这么记述的：

> 果不其然，预言再灵验不过。到了八点钟，麻烦果然来了。在我面前的，只有一个听众！我一下子从头到脚几乎都瘫痪了。这种情况持续了两分钟，我简直比死还难受。这桩事令我终生难忘，但对我也有教益。因为自此以后，无论我面对多少听众，我再也不会怯场了。[1]

---

①[美]查尔斯·奈德编，朱攸若译：《马克·吐温自传》，第147页。

的确，后来马克·吐温的演讲一直非常成功。他具有演说的天赋，面对几千人总能妙语连珠，逗得观众哈哈大笑。他于1866年在加州和内华达州各大城市进行了巡回演讲，在旧金山、洛杉矶拥有了许多崇拜者，也获得了可观的收入。1867年，他横跨美国，到了东部的纽约以及自己的故乡密西西比河谷演讲，开启了长达两三个季度的东部巡回演讲的序幕。之后，马克·吐温演讲的阵地扩展到全国各地。

当时，听演讲是美国人非常流行的文化活动。有专门的组织者从事这项事业，他们邀请到各界名人，每天晚上为公众开展讲座，从中抽取一成的佣金。一组演讲一般分为六到八场，每天晚上由不同的人上台来做。演讲团里除了全美国人都喜闻乐见的名人以外，还有一些不为人知的演讲者，他们或者在某一方面，比如子女教育或者婚姻之道上有独到的见解，或者有着能够吸引观众的幽默技巧。那些著名演讲者每次演讲的酬劳可以达到200美元到400美元，这要看当地的消费水平，而无名演讲者的酬劳最多是100美元。

由不同演讲者组成的演讲团会先在一些偏远村镇的老式音乐厅里试讲，观众大概有2500人，演讲的组织者根据演讲者的水平和受欢迎的程度为他们评定酬金的多少。然后，他们再去大城市，比如波士顿的明星场正式登台。在村镇的表演可以让演讲者了解自己演讲受欢迎的程度，如果那些村民们常常大笑和鼓掌，那么将来在城市里也一定能获得成功；可如果村民们总是轻声嘟囔，那在城市里恐怕也没有人耐心听得下去，演讲者就需要自己好好调整和训练一下了。

演讲季里，演讲者们白天在演讲协会的办事厅里抽烟闲聊，到了傍晚就分散到各处登台。

马克·吐温回忆了当年和他一起演讲的人的一些趣事。佩特罗廉·纳思比曾经是一家报社的职员，后来进入了演讲行当，拥有不少听众。他唯一的一篇讲稿叫作《诅咒卡南》，他在三年里只念这一篇，念了几百遍仍不厌烦，而且仍然不能把它背下来。纳思比的演讲没有任何技巧，他站在演讲台上的一个半小时就像一个树桩子，除了翻书几乎一动不动。他将左胳膊稳稳撑在讲台上，右胳膊像一个准时的钟摆，每两分钟向前摆动一下——去翻面前的书页，整个人就像一架上了弦的有规律的机器。

纳思比身材魁梧，演讲——如果念书也可以

叫演讲的话——的声音如同野牛怒吼。他的怒吼总是让观众大笑，而他可以做到毫不在意观众的笑声而继续怒吼，从头到尾。他喊得最响亮的那句话是“我们是祖先的后代”，可以盖过全场的笑声。纳思比每个月有25天都在读他的《诅咒卡南》，连读9个月，这225个夜晚让他产生了巨大的惯性。有一天他本来在家休息，而当钟声敲响了八下时，他恍惚间以为自己还在演讲台上，于是立刻抬起头来怒吼道：“我们是祖先的后代！”

另外一位演讲者叫德科多瓦，他在报纸上发表过一些幽默的小作品，因此，来听他演讲的观众都以为他的讲话会和他的文字一样有趣。显然，他并不太了解演讲的规矩，他讲得枯燥无味，观众的笑声稀稀拉拉，掌声零零落落，而他站在聚光灯下也显得局促不安，最后，观众席上彻底鸦雀无声。德科多瓦是第一次登上讲台，他坚持非常卖力地念他的那些幽默故事，但是，越来越多的观众开始把目光从他身上转向台上的一座大钟。

大钟的指针无情地转动着，嘀嗒，嘀嗒……就在分针和时针指向八点五十分的时候，台下足有一半的观众齐刷刷地站了起来，把台上的德科多瓦吓得目瞪口呆。他大睁着眼睛，看着足有1200名观众毫不留情地从门口鱼贯而出，自己呆若木鸡地立在台上，再也说不出一个字。

可怜的德科多瓦，在登台前，主办人忘了告诉他，当地最后一班火车的发车时间是九点钟，就算是国王站在讲台上演讲，也必须在八点五十分结束。

马克·吐温的演讲不仅酬劳很高，而且受到的礼遇也不同于一般人，每到一地都有专门人员去车站迎接，径直把他送到演讲厅。而在马克·吐温演讲时，这些佩戴着丝带的组委会成员也会在台上站成一排，仿佛在骄傲地宣告：看吧，这位大文豪可是我们这个组委会邀请来的！怀揣着这种骄傲，组委会在每次演讲之前对马克·吐温的介绍当然也是极尽吹捧。马克·吐温对此非常不喜欢，他觉得这种夸夸其谈反而令人难堪，对自己的演讲毫无益处。然而尽管他再三要求，组委会主席却总是不同意，因为能站在马克·吐温身前，向上千人隆重推出这位名人，是他最大的荣耀和乐趣了。最后，马克·吐温坚决要求取消这种夸张的介绍方式，否则就不再合作，对方才不情愿地接受了。马克·吐温改为简要地自我介绍。

今天，电视和相片让我们知道那些名人长什么样子，即使是第一次见到，也可以很容易地辨识出来，但在当时的美国可不是这样。尽管马克·吐温已经声名显赫，但大多数第一次听演讲的观众并没有见过马克·吐温本人，即使他已经站在台上，也不知道他是谁。马克·吐温利用了这一点，创造了一种有趣的开场白。

马克·吐温故意用客观、热情的措辞来介绍下一位演讲者，完全就像是在描述另一个人，而直到最后，他才漫不经心地加上一句："哦，忘了说了，我就是这位演讲者。刚才说的，都是我本人。"每当这时，观众在惊讶之余总能爆发出一阵大笑。于是，他的演讲就在欢快的气氛中开始了。

马克·吐温还尝试过另一种别出心裁的介绍方式。他找了一位五大三粗的工人，看上去和衣冠楚楚的演讲者们全然不同。他的介绍也是不同于别人的大白话："我说什么呢？其实我对这人一点也不了解。"台下一片哄笑。

"不过我总得说点什么。"大块头陷入沉思。

"嗯，有两点我可以保证。第一，他应该没

进过监狱！”他的憨态配上一本正经的语调让台下的观众笑得前仰后合。

“第二……”大块头又想了很久，略带沮丧的语气说，“我不知道他为什么没进过监狱。”

这个开场的效果也是好得不得了。

马克·吐温总能带给他的读者、他的听众意想不到的欢乐。他有时候借助对社会的讽刺让观众会心一笑，有时候模仿当时著名的幽默演说家布朗·洛克，用伶俐的口舌让观众拍案叫绝，有时候则故意装出傻傻的样子来逗乐。

有一次，当舞台上的幕布升起来的时候，观众看见马克·吐温非常随便地坐在钢琴旁边，一边随手弹着琴，一边哼着小调，就像在家里一样自在。突然，他转过头看见了满场的观众，脸上露出惊讶的神色，就像根本不知道他是在演讲台上一样，逗得观众哄堂大笑。

还有一次，马克·吐温胳膊下面夹着一大摞讲稿上台，可他从头讲到尾，也没把那讲稿拿出来看过一眼。他非常流利地做了一场演讲，但一直别别扭扭地夹着一摞完全不需要的讲稿。直到最后演讲结束，马克·吐温胳膊一松，一大摞稿子哗啦一下散落在舞台上，他做出夸张的样子，慌里慌张蹲下去捡，却越弄越乱……全体观众在笑声中鼓起掌来。

除了演讲以外，当时的美国还流行另一种文化活动——小说朗诵。这是1867年由另一位大作家狄更斯从英国带到美国的。马克·吐温也慕名去听了狄更斯的小说朗诵，并且被狄更斯富有激情的朗诵所感染。作为一个愿意尝试一切新鲜事物的人，马克·吐温也想自己登台朗诵，但结果却不那么令人满意。他尽管精心挑选了自己的小说片段，但上台去朗诵时，却总是不能避免照本宣科般的生硬呆板。

马克·吐温很快就想明白了问题所在，演讲的语言是灵活丰富的口语，而朗诵时念的是书面语，因此不够流畅，也不能让观众感到享受。于是他改变了策略，只是把需要朗读的片段在台下记熟，但并不把书带上讲台，而是凭记忆用口语再自如地表达出来。每次演讲都是一次即兴修改，不仅观众听得有趣，演讲者自己也不会感到枯燥。

马克·吐温凭借着自己丰富的经验，总结出演讲与朗诵中最重要的一个技巧——停顿。

一个有朗诵经验的人，很快便会意识

到，在他技巧的武器库里，有一种威力无比的武器，那便是停顿——停顿是令人难忘的沉默，是雄辩的沉默，是几何级数般的沉默。它往往能收到预期的效果，那是任何最确切的措辞组合都无法达到的。

对于照本宣科的朗诵者来说，停顿的作用也许不是很大，因为他们无法确切地知道停顿的时间该有多久。停顿的长短取决于听众的反应。朗诵者的眼睛看着书本，而不会看着听众，便无法从听众的反应上知道该停多久。他只好估计，而估计不可能十分精确，然而只有精确的停顿时间——绝对的精确，才能收到效果。

不用书本，凭记忆讲书的内容，有种种好处。比如他讲到一句故事中经常出现的话，他每晚都讲，讲了一百次了，在这句话之前或之后有一个停顿。这时，他从听众的脸上可以判断出应该停顿多久。但是有的听众希望停顿时间短一点，有的希望长一点，还有的希望更长一点。表演的人必须根据听众之间的差异来调节停顿的时间。停顿时间长短之间的差异极其细微，极其敏感，简直可以比之为精密度为五百万分之一英寸的普拉特和惠特尼的精密仪器。听众是那仪器的孪生兄弟，能够测定停顿时间的最小值。

从前我经常采用停顿这一招，就像孩子们经常摆弄玩具一样。……我根据情况，把停顿或拉长或缩短。如果时间掌握得恰到好处，我会非常高兴；若是掌握不好，我会十分沮丧。[①]

而就在他作为演说家的事业正如日中天时，马克·吐温选择退出讲坛，打算去周游世界。这也不难理解，马克·吐温从来就是一个喜爱游历的人，仅仅在美国西岸的几座城市转悠怎么能满足他旺盛的探索欲呢？而且，再好的演说家，如果没有了丰富的生活经历作为土壤，又怎么能持续用新鲜的内容吸引住观众呢？

把经历变为财富

真相比小说还要不可思议。

——马克·吐温

---

①[美]查尔斯·奈德编，朱攸若译：《马克·吐温自传》，第182页。

马克·吐温一生著作等身，他丰富的人生经历为其创作提供了取之不尽用之不竭的源泉。马克·吐温一生都是一个不知疲倦的旅行者。可以说，最初他能在文坛确立声誉，除了幽默的文笔，还凭借其杰出的旅行文学创作，赢得了评论家的赞誉。

遥远的地方对他有着不可抗拒的魔力。在他还是个小镇上的孩子时，马克·吐温就对书里读到的大城市和异域他乡的场景无比向往。长大以后，马克·吐温的好奇心没有消退，想了解世界的渴望更强烈了。他不仅想知道其他地方是什么样子，更想知道那里的人过着什么样的生活，那里的文化有什么不同。

马克·吐温第一次出国旅行是在他 30 多岁，凭借那只跳蛙出名以后。一家报社《阿尔达——加利福尼亚》的老板以每篇 20 美元的价格请他为报纸撰写旅行通讯，每篇 2000 字，一共写 50 篇。马克·吐温于是开始了漂洋过海的旅程，他登上“贵格城”号轮船，游历了很多地方。就是在轮船特等舱和欧洲的飞机上他写就了这些稿件。

同时，在著名杂志《哈珀月刊》上发表“大黄蜂”号报道带来的社会影响也让马克·吐温萌生了另一个想法，既然大家都喜欢看发生在异乡的奇闻逸事，那么为什么不去四处游历，并把旅行见闻写出来呢？

1868年春天，马克·吐温回到旧金山，动笔把这些旅行见闻写成一本书——《傻瓜出国旅行记》。马克·吐温习惯于每天深夜开始写作，一直写到黎明，再扔下笔倒头大睡。他就这么昼夜颠倒地过了60天，写出了20万字的《傻瓜出国旅行记》。在这本书里，他按照先后顺序记载了自己游历欧洲诸国的见闻，生动地描写了法国、意大利以及巴勒斯坦等国家和地区的风土人情。

这本游记描述了一个美国游客和一群朝圣者的旅行，但也巧妙地讽刺了那些游客是如何破坏文化艺术的。他们肆无忌惮地掠夺当地的古董，对外国的古老文明和习俗表现出高高在上的傲慢姿态。这些自以为是文明人的旅行者，其实恰恰是一群可笑的野蛮人。

这本书最终出版于1869年，成为当时最畅销的一部游记，一年半卖出了82524本，给马克·吐温带来了16504美元的版税收入，这在当时是一笔巨款。更重要的是，一举奠定了他在文坛的地位。

马克·吐温一生中去过很多地方，长期侨居欧洲，在英国、奥地利、意大利都住过很长时间，在70多岁的高龄还再度出访伦敦。他以自传体的形式写了许多游记，除了《傻瓜出国旅行记》以外，后来还写了《国外漫游》和《赤道环游记》。半自传体游记《苦行记》则写了自己在美国西部的见闻。但马克·吐温的游记绝不仅仅是在写自己所去过地方的见闻，他的游记是通过对所到之处、所见之人以及自己感受的描写，让读者一步步认识和感受到文中的“我”的变化和成长。

当然，一个人的阅历不仅仅取决于他去过多少地方，更取决于他带着怎样的眼光观察，带着怎样的脑子思考。有的人去过很多地方，却只形成了最浅薄的印象，能拿出来的只有几张“到此一游”的照片。有的人即使待在一个地方不动，也能用周围的人和事丰富自己的思想。

马克·吐温换过很多工作，接触过很多人，他作品中的人物许多都以他认识的人物作为原型。他对金钱、对政治、对人性、对社会各种现象做出了辛辣讽刺与深刻批判，而这都来自于他对周围的人和物的观察与思考，来自于他的亲身经历。在成为大作家以前，马克·吐温做了多年的记者和编辑，因此他也把自己在做记者的过程中所看到的一些怪事写进了短篇讽刺小说中，对媒体、新闻界进行了无情的揭露。

马克·吐温写过一篇短篇小说《田纳西的新闻界》，用夸张的幽默手法，将报社里的争斗描写成了炮火纷飞的闹剧。

故事中的“我”是一个小编辑，他本来交给总编辑的稿子是这样的：

> 我们发现泥泉《晨声报》的同业认为范维特的当选还不是确定的事情，这是一种错误的看法，但在他没有看到我们的纠正之前，一定会发现他的错误的。他当然是受了不完全的选票揭晓数字的影响而做了这个不正确的推断。

总编辑看了以后大发雷霆，把文章改成了下面的样子：

> 我们发现泥泉《晨声报》那个昏头昏脑的恶棍又照他撒谎的惯癖放出了谣言，说范维特没有单管。新闻事业天赋的使命是传播真实消息，铲除错误；教育、改进和提高公

> 众道德和风俗习惯的趋向，并使所有的人更文雅、更高尚、更慈善，在各方面都更好、更纯洁、更快乐。而这个黑心肠的流氓却一味降低他的伟大任务的身价，专门散布欺诈、毁谤、谩骂和下流的话。

总编辑在报纸上使用“昏头昏脑的恶棍”“黑心肠的流氓”这样的词汇来攻击另一家报纸，在现实中当然是不可能的，尤其是这种赤裸裸的谩骂语言还被掺杂在一本正经的说教中——一边用恶毒的词汇诽谤其他报纸，一边大谈新闻事业的天赋使命，这就造成了喜剧效果。

更进一步地，马克·吐温把媒体之间的这种口诛笔伐直接夸张演绎成了真刀真枪的战争，而被误伤的却总是“我”这个倒霉的小编辑。

当总编辑在大肆修改稿件时，“有人从敞开的窗户外面向他放了一枪，把我的一只耳朵打得和另一只不对称了”。于是总编辑“从腰带里抽出左轮来放了一枪。史密斯被打中了大腿，倒在地上，他正要放第二枪，可是因为他被主笔先生打中了，自己那一枪就落了空，只打中一个局外人，那就是我。还好，只打掉一只手指”。

等到“主笔先生”进行完他的修改：“有人

从火炉的烟囱里丢了一颗手榴弹进来，一声爆炸，把火炉炸得粉碎。幸好只有一块乱飞的碎片敲掉我一对牙齿，此外并无其他损害。”而总编辑面对无辜受伤的我却冷静地说：“那个火炉完全毁了。”

来拜访总编辑的还有一位上校，两个人开始还文绉绉地谈论“美国道德和智慧发展中令人鼓舞的进步”，但眨眼之间就开始了对射，“两支手枪同时砰砰地打响了。主笔被打掉了一撮头发，上校的子弹在我的大腿上多肉的部分终结了它的旅程。上校的左肩稍微削掉了一点。他们又开枪了，这次他们两人都没有射中目标，可是我却遭了殃，胳膊上中了一枪。放第三枪的时候，两位先生都受了一点轻伤，我的一块指节被打碎了。于是我说，我认为我还是出去散散步为好，因为这是他们私人的事情，我再参与在里面不免有些尴尬。但是那两位先生都请求我继续坐在那里，并且极力说我对他们并无妨碍”。就这样，马克·吐温把报社之间、报纸与采访对象之间的矛盾以艺术夸张的方式表现出来，也对媒体的没有原则、虚假伪善进行了深刻批判。

马克·吐温借“我”的遭遇写出了作为在这

场媒介战争中一个普通小编辑的无奈，在报社老板的威权下没有反抗之力，而面对自己所想揭露的社会恶势力也力不从心，只能在外界权力的欺压下遍体鳞伤。

马克·吐温这部小说充满了荒诞色彩，但在幽默中也深刻揭露了当时媒体为虎作伥的本质，撕下了媒体与政客们伪善的面纱。马克·吐温曾在一次采访中说：“我在当记者的时候，对政治腐败有了最直观的感受。几乎每件事情都是权势、交易和金钱的产物。”

《我怎样编辑农业报》是马克·吐温另一篇写报社生活的幽默讽刺作品。这篇的主人公“我”是一个完全不了解农业的小编辑，他发表在《农业报》上的文章充满了可笑的错误，比如让小孩子爬到萝卜树上去把萝卜摇下来，海鸟粪在冬天可以孵出小鸟，公鹅在暖和的天气里开始产卵……还建议农夫应该在七月种下荞麦饼，提醒读者南瓜树用来遮阴效果不太好……所有这些荒谬的错误都以非常正式和严肃的语气写成，这种形式上的一本正经和内容上的胡说八道构成了强烈的反差，也产生了让人忍俊不禁的效果。

当然，马克·吐温的幽默作品从来不止于逗

笑，更是为了引人思考和批判现实。最后，他借小编辑的慷慨陈词点出了前面所有那些笑话背后的实质。马克·吐温酣畅淋漓地指出了某些报纸编辑与社会评论家不学无术的本质，而报纸为了销量，也没有底线地纵容各种低俗噱头，最后培养了一批庸俗愚昧的读者。这让人在笑过之后不由得掩卷深思。在当时的美国，很多有识之士也对新闻界的黑暗面有诸多不满，但他们撰写的批评文章却总像隔靴搔痒，这多半是因为写文章的人并没有真正在报社做过一天记者。而马克·吐温的讽刺却能一针见血，力透纸背，如果不是亲身在这样的环境中工作过，又怎么可能有这么生动的刻画呢？

发表《田纳西的新闻界》和《我怎样编辑农业报》时，马克·吐温已经30多岁了。一个这么有写作才华和天赋的人，却在30多岁时才确定自己的职业，在今天看来是不是有点太晚了？你会不会觉得马克·吐温之前为了谋生，在不喜欢、不擅长的领域花费的那些时间和精力多少有点可惜呢？

你有时候是不是会为自己"浪费"的一些时间、走的一些"弯路"、失去的一些东西感到懊恼呢？比如这三个月不得不去一个不想去的地方，做一件不情愿的事情；花一年时间和很多钱去学了什么东西，却没有用处；交往了三年的朋友，最后却失去了联系……但，这些经历本身其实并不是一种浪费，它们铺设了让你成长的阶梯。看看马克·吐温，他在排字间、在矿区、在船舱、在编辑室里度过了几乎20年，才正式开始自己的文学创作。但这20年的光阴并没有虚度，而是走千里路，见百样人，开阔了眼界，也磨砺了意志，这才是马克·吐温为自己积累下的最宝贵的财富。

用心垂钓爱情

当你为爱情垂钓时，不要用你的头脑当作饵，要用你的心。

——马克·吐温

旅游可以让我们开阔眼界，培养胆识，对于马克·吐温而言，旅游还可以遇到一生的挚爱。

还记得马克·吐温曾经坐“贵格城”号轮船外出游历吗？作为贵宾，他被安排住在“贵格城”号的特等舱里。那里的陈设豪华而又温馨。暖暖的阳光从舷窗照射进来，正落在台子上的一座小雕像上。这座小人像用象牙雕成，洁白如玉，是一位美丽温润的女子，她年轻的面容在阳光下反射出圣洁的光芒。马克·吐温心里立刻涌起一种前所未有的柔情，他立刻问船长查理，这雕像是根据哪位女子刻成的？查理笑着回答，那是我妹妹，今年 22 岁。

查理妹妹的名字叫奥莉薇娅·勒·兰登，马克·吐温第一次听到这个名字是在 1867 年的夏天，在“贵格城”号洒满阳光的特等舱里。他轻抚着这座小雕像，心里也充满了阳光。

1868 年 12 月，马克·吐温终于见到了奥莉薇娅。

1870 年 2 月，马克·吐温与奥莉薇娅结为夫妻。他们终生相伴，有生之年从未分开。

1906 年 2 月 1 日，年迈的马克·吐温深情地写下了这样的句子：

> 明天是我们结婚三十六周年纪念日。我妻子患病二十二个月以后，于一年零八个月前，在意大利的佛罗伦萨去世。……一直到她生命的最后一刻，她始终又是女人，又是女孩。在她端庄温柔的外表下，她的同情、精力、虔诚、热忱和无边的爱心，就像是永不熄灭的火焰。她体质纤弱，支撑着她的是

> 她充满希望和涌起的精神，那是永远也摧毁不了的。①

奥莉薇娅体态苗条，面容秀美。她 1845 年出生于纽约埃尔迈拉镇的贵族家庭，父亲是富商、矿业巨头杰维斯·兰登。她是父母的掌上明珠。在她 16 岁那年，由于在冰上摔了一跤而导致局部瘫痪，从此不能上学，不能出门，不能起立行走，整整四年没有下床。这也带给了她比常人更加孱弱的身体。

马克·吐温在 1868 年的冬天，第一次见到了奥莉薇娅，她看上去比那座象牙小雕像更美。在马克·吐温的眼中，奥莉薇娅始终带着孩子气，既是女人也是女孩，完全令他着迷。

马克·吐温向奥莉薇娅求婚的过程也富有戏剧性。

当时，马克·吐温忙于在各地演讲，但一有空他就跑去埃尔迈拉，对奥莉薇娅发动猛烈的爱情攻势。但是，他连求了三次婚，都被拒绝了。

求婚连续失败并没有让马克·吐温退缩，他

---

①[美]查尔斯·奈德编，朱攸若译：《马克·吐温自传》，第 184 页。

继续寻找机会，能和奥莉薇娅更多地相处，让对方接受自己。马克·吐温说服查理，在他家住上一周，理由是考察一下当地的风土人情，也和社会名流们增进一些交往。其实，马克·吐温只是为了每天看见奥莉薇娅。

每天早上，马克·吐温都会站在屋外，等待奥莉薇娅推开窗子，晨风柔柔地吹拂起她的长发，那真是最美的景象。白天，马克·吐温在起居室，看似和来访的宾客闲聊，其实却一直竖起耳朵，听着从奥莉薇娅房间传出的每一点声音。她念英国小说的语调轻灵俏皮，是世间最悦耳的声音。她的笑声像小女孩一样天真烂漫，如同竖琴拨出的动人旋律。如果运气好，马克·吐温或许可以在晚餐时和奥莉薇娅同桌吃饭，他简直无法把自己的眼睛从她的身上移开。她吃饭时保持着娴静高雅的姿态，谈话时笑靥如花，偶尔望向马克·吐温，眼睛好像会说话。

一周的时间飞快地过去了，但马克·吐温没有取得任何进展，他告诉自己无论如何不能就这么离开兰登家，那自己会终生遗憾。但他绞尽脑汁也没找到任何可以留下的借口，心急如焚却无可奈何。结果，或许是天意，就在他不得不告辞的那天晚上，机会来了。

在别人看来，这件事无疑是个坏运气。但在马克·吐温看来，这简直是世界上能想到的最好的好运气了。

当时，他已经收拾好了行装，准备启程去纽约。出发的时间是晚上八点，马克·吐温在门廊里与全家人道别，奥莉薇娅在房间里没有出来。他望向微掩的窗子，内心充满酸楚。来接他的是一辆双座敞篷马车，所有的衣物行李都由仆人提前打包好，摞在了马车上。车夫巴尼与兰登全家人熟识多年，他坐在前座，手里稳稳抓着缰绳，请查理和马克·吐温上车，坐到后座，并告诉兰登一家自己会把这位尊贵的客人平安送到目的地。

巴尼的这句保证话音还没来得及落地，他那匹一向老实勤恳的马儿却突然嘶鸣一声纵身跃起，马车几乎腾空向前冲去，后座的马克·吐温和查理完全没有防备，瞬间就被抛出了车子。

马克·吐温被甩到空中，在黑暗中，他看见查理嘴里的雪茄的火光在夜空划出一道优美的红色弧线，紧接着他便感到自己狠狠地摔在了地上，头部也撞到了什么东西上。

兰登一家，还有惊恐的车夫巴尼全都拥过来。地面凹凸不平，全是圆石，非常糟糕，而马克·吐温的脑袋不偏不倚地磕在几块石头上。

马克·吐温双眼紧闭，似乎已经昏迷过去。但其实只有他自己心里明白，头部虽然磕到了东西，但意识非常清醒。原来，那几块圆石中间填满了沙子，像一个四周硬中间软的垫子，而马克·吐温的头正好幸运地嵌在了软垫中间，没有受到丝毫伤害。但他将计就计，故意装得昏迷不醒，打定主意，要上演一场苦肉计。

兰登全家此时都慌了神，同样被甩出去的查理已经爬了起来，不顾自己的胳膊还在流血，跪在马克·吐温身边连声呼唤。西奥多·兰登快步跑回屋里，拿了一大瓶上好的白兰地，他仿佛忘了这是自己招待客人都不舍得拿出来的好酒，却毫不吝惜地咕咚咕咚倒进马克·吐温的嘴里，更多的则白白流到了地上。

耳边关切的话语，在马克·吐温听来是格外愉快的享受，这是他一生中最幸福的时刻之一。他现在唯一需要注意的就是，不要让别人发现，其实他自己并没有受伤。于是，当大家准备把他抬进屋里的时候，他耷拉着脑袋，放松身体，让自己的胳膊和腿都软绵绵地垂下来。这下，抬起马克·吐温需要足足四个人：巴尼、兰登先生、西奥多和胳膊上还流着血的查理。虽然马克·吐温对于让同样也摔出去的查理抬自己有点过意不去，但考虑到为了实现自己的计划，他也顾不了那么多了。

当鼻子里重新嗅到兰登家特有的木头混合着香料的气味时，马克·吐温忍不住小小得意了一下：这次回到屋里，我可就没有那么容易再被送走了。

大家七手八脚地把马克·吐温放倒在一张椅子上，西奥多的太太克兰拿出一瓶奇怪的液体，说是治疗挫伤的特效药。“昏迷”中的马克·吐温当然没有借口拒绝，克兰太太便把这瓶液体倒在了他的头上。天啊！那药水火辣辣的，仿佛岩浆从头顶顺着脖子流到脊梁上。马克·吐温差点没跳起来。

不过，幸好他还是忍住了，因为克兰太太用那药水按摩了一会儿以后，累得直喘粗气。于是，西奥多说：“你去歇会儿吧。莉薇，你来给这个可怜人按摩一会儿好吗？”

马克·吐温激动得心脏差点停止跳动。“莉

薇”就是奥莉薇娅的昵称，原来她一直在人群中关切地注视着马克·吐温，只是没有发出声音。

马克·吐温紧闭着双眼，感受着奥莉薇娅的小手在自己头顶的爱抚，他恨不得一直就这么昏迷下去。这双小手是那么温柔，那么令人沉醉，连那岩浆一样的药水都变得清凉沁人。

很快，兰登家的家庭医生到了，这是一位老者，他按部就班地仔细检查了马克·吐温的每一寸身体，最后宣称，没有发现任何肿块和挫伤，也不能解释为什么病人至今还在昏迷。老医生说，也许睡上一觉，第二天就什么事儿都没有了。

第二天早上，马克·吐温当然还没有恢复，因为他根本就不打算恢复。这次受伤，让马克·吐温有了一个充分的、名正言顺的借口，在这里多住一些日子休养身体。尽管这日子不多，只有短短三天，但在这三天里，他的苦肉计发挥了作用。

奥莉薇娅是一位心地非常善良又富有同情心的姑娘，她对马克·吐温在自家摔伤心怀愧疚，因此每天都来探望病人好几次。于是，马克·吐温有了大量与她单独相处的机会。开始，他还装出可怜的样子，为了配合奥莉薇娅关切的眼神，

总是在讲话时呻吟几声。之后，他便恢复了自己的口才，毫不掩饰地吐露自己的心声。三天下来，奥莉薇娅答应了他的求婚。

在正式订婚之前，马克·吐温和奥莉薇娅的爸爸兰登先生单独且正式地谈了一次话。兰登先生坦诚地告诉他，兰登一家，除了年轻的查理，其实大家对马克·吐温并不了解，他们与马克·吐温认识时间不长，所以希望能从熟悉马克·吐温的人中获得一些关于他人品的证明。马克·吐温对此表示理解和赞同，于是兰登先生客气地请马克·吐温提供一份名单，而兰登先生会给名单里的人写信一一询问，最后再做决定。而在这段时间里，马克·吐温可以先离开兰登家去办自己的事。

马克·吐温于是立刻奉上了一份名单，宣称里面的六个人都是很了解自己的老相识，有两个是旧金山的教士。兰登先生还自己找了一位银行出纳员。看上去，兰登先生应该可以得到一个关于马克·吐温的丰富全面的印象了。

一个月以后，当所有的回信都寄来时，兰登先生又把马克·吐温请到了自己的家中。屋中只有他们两个男人，兰登先生为马克·吐温朗读了这些回信。

显然，这些人都具有同样的美德——过于坦率。一位由马克·吐温亲自推荐的教士，以及那位银行出纳员都在回信中斩钉截铁地说，马克·吐温“将来会躺进一座醉鬼的坟墓”。

随着信件一一念完，屋里的空气逐渐变得沉郁凝重，马克·吐温的心情十分糟糕。显然，这些推荐人在信里没说几句好话。马克·吐温仿佛已经看见了兰登家的大门对自己缓缓关上，美丽的兰登小姐的背影渐渐远去……

兰登先生合上最后一张信纸，抬起头，眼睛直视着马克·吐温，他说：“这些人可都是你自己推荐的呢，难道你在这个世界上就没有一个能为你说好话的朋友吗？”

马克·吐温不知道还能回答些什么，他痛苦地等待着兰登先生的判决。

“那么，只好让我来做你的朋友了。我觉得自己比他们更了解你。我的女儿，就交给你了！”

就这样，尽管这个过程充满戏剧性，但结果是：马克·吐温得到了梦寐以求的爱情和幸福。

当马克·吐温和兰登先生已经成为一家人，他们在花园里舒服地喝着啤酒聊天的时候，马克·吐温滔滔不绝地说起一个叫乔·古德曼的朋友。

兰登先生露出惊讶的表情，问道："听上去，古德曼跟你关系不错？"

"是的，他是我最好的朋友。"

"我还以为你没有朋友。那当初我让你推荐几个朋友介绍你的情况时，你为什么不告诉我他的名字呢？"

"因为我知道，如果那样，他一定会毫不犹豫地为我美言，专挑你喜欢的说，把我描绘成一个刚直不阿、公正无私、幽默风趣、聪明诚实的做女婿的最佳人选。而那不是你想要知道的。那些给你回信的人或许对我太过苛刻，但或许从他们那里你能得到一些更为真实的关于我的信息，我想这才是你需要知道的。"马克·吐温坦诚地看着兰登先生的眼睛，将杯中的啤酒一饮而尽。

1869 年 2 月 4 日，马克·吐温与奥莉薇娅订婚，马克·吐温为她亲手戴上一枚金戒指。戒指并没有任何繁复的纹饰，但在里面刻着订婚日期。一年以后，戒指里的日期又多了一个，那是他们的结婚日期。1870 年 2 月 2 日，马克·吐温与奥莉薇娅在纽约的埃尔迈拉结婚。自此以后，那戒指终生没有离开过克莱门斯太太的手指。

马克·吐温的婚礼在奥莉薇娅娘家所在的城市举行，兰登全家、比彻家、特威切尔家族的人全都见证了他们的婚礼。第二天，这几大家人共同乘坐专门列车去了布法罗，马克·吐温计划在那里开始新的生活。

当时，马克·吐温是布法罗一家报纸《快报》的编辑，同时也是股东。不过他却是第一次去布法罗，对这座城市一无所知，连该在哪里租房都不知道。马克·吐温一个月前已经写信给一位朋友：

> 你知道的，我刚刚结婚，这次来布法罗就是带着我美丽的新婚妻子。能不能拜托你给我找一间像样的公寓。但《快报》付给我的薪水实在少得可怜，我们还要置办很多家用，所以希望它的价钱不要太贵。

朋友回信说："欢迎你们来布法罗，但我对是否能在租金承受范围内找到这么一间体面的公寓一点把握也没有。我会尽力一试。"

新婚第二天的晚上九点，列车抵达布法罗车站，马克·吐温和几十位家人一起走下车厢，看到那位朋友笑盈盈地站在月台上迎接他们。朋友告诉马克·吐温，公寓找到了，不一定符合他的要求，至少可以凑合住住，不至于露宿街头，他会带路领他们去。

连日大雪把布法罗染成了一片银白，路灯在雪地上涂上浅金色的光。夜晚寒冷的街道已经没有太多人，马克·吐温和亲友们坐上几辆雪橇，驶向朋友所说的住处。

初到一个新的地方，马克·吐温满怀欣喜地打量着这座银装素裹的城市。布法罗是纽约州仅次于纽约市的第二大城市，因为历史上有野牛出没，所以以野牛城命名（布法罗在英语里就是野牛的意思）。由于旁边的伊利湖吹来大量潮湿的空气，这里也是美国冬天降雪最多的城市之一。雪橇在一处街角转弯减速，马克·吐温看到，街道旁边的一栋大房子里映出壁炉暖烘烘的火光，窗子没有拉上窗帘，能看到屋里有穿着睡衣的孩子们兴奋地跑来跑去，他不由得对于自己即将开始的家庭生活充满了期待。

马克·吐温转向身边的新婚妻子，克莱门斯太太也刚好把目光从那栋房子收回，转脸看向爱人，目光柔情似水，两个人不由得紧紧握住了手。

马克·吐温心里多少有些愧疚，由于没有买大房子，不得不让妻子先在简陋的公寓里委屈一下了。

两个人在雪橇上颠簸了好一阵子，还没有到朋友所说的地方，甚至连后面兰登先生一家的雪橇都看不见了。马克·吐温心里有些焦急，生怕家人走散，更怕妻子被冻坏，但妻子始终笑眯眯的，甚至马克·吐温越是着急，妻子反而笑意越浓，还露出一副调皮的神情。

雪橇不知道转过了多少个街角，当马克·吐温惊诧地发现眼前出现的又是那栋有孩子在壁炉前跑来跑去的大房子时，他忍不住对坐在前面一辆雪橇上的朋友大喊起来："嘿，伙计！我们好像在兜圈子啊！你到底知不知道那栋公寓在哪里啊?!"

朋友回过头大声喊了几句什么，但话音被呼啸的寒风吹散了，马克·吐温半站起身刚要再喊叫，妻子拉住他，温柔地摇摇头。马克·吐温知道妻子不喜欢自己生气的样子，于是强压住火气重新坐下来。

又过了好一阵子，就在马克·吐温觉得他们几乎走遍了整个布法罗时，雪橇无声无息地停下来了。他们现在身处整座城市最繁华时尚的特拉华大道，而雪橇前面是一座巨大的、崭新的房子。外墙厚重气派，棕灰色的青砖镶嵌着红色的釉石，屋顶高耸，铺满晶莹的白雪。而透过那巨大的一尘不染的窗子，马克·吐温看到了腾腾的壁炉的火光，比刚才自己看到的还要亮10倍。

朋友示意马克·吐温进去看看，马克·吐温却忍不住拉过朋友小声抱怨起来："怎么找了这么大一座房子？我要的只是一间公寓啊！"朋友笑着没有回答，只是径直向房子走去。马克·吐温无可奈何地把妻子从雪橇上扶下来，拉着她走过屋前宽敞的院子，发现甬路上已经散落了很多脚印，他觉得很奇怪，刚下过大雪，怎么地上会有这么多脚印呢。

他还来不及想明白，朋友已经将他拉进了房间。眼前的景象如同人间仙境。高大的厅堂里被煤气灯照耀得如同白昼，屋里的装饰富丽堂皇，热腾腾的壁炉前，沙发、摇椅完美地待在它们最恰当的位置。沿着地上一条厚厚的波斯地毯看过去，是饭厅巨大的实木餐桌，银色烛台上火光摇曳，照着一桌丰盛的饭菜。

然而，马克·吐温终于忍不住对朋友咆哮起来："你怎么租了这么一个奢侈的房子?！我信里跟你说过，我要租一个能负担得起的公寓！”

就在这时，之前莫名其妙消失的兰登先生突然不知道从什么地方转了出来，手里拿着一个精美的盒子递给马克·吐温。马克·吐温不知所措地打开，发现里面是一张房契，而旁边的妻子也献上了一个甜蜜的吻，所有的亲友都站到他们身边，大笑着鼓起掌来。

原来，这是大家为马克·吐温设计好的一出喜剧。兰登先生提前在布法罗买下了这处房产，并且装修妥当，雇好了一名厨师、几名女仆和一名爱尔兰车夫——刚才那个拉着马克·吐温到处转的就是他。马克·吐温在城里转圈的时候，一部分人已经先行来到了这栋房子，生好壁炉，点上煤气灯，做好了丰盛的晚餐，就等着新人前来啦。

和妻子共同生活的日子是甜蜜幸福的，马克·吐温发自内心地感激自己娶了这么一位美丽贤惠的女子。他亲切地叫妻子莉薇，而妻子则叫他“年轻人”，这个词有点戏谑的味道，因为马克·吐温并不年轻了。但这个词也很贴切，因为很多时候，马克·吐温的心理和行为，就像一个孩子。马克·吐温很喜欢“年轻人”这个称呼，他从中感受到了太太的深情。

第四章
立业立家

1884 年，一位摄影师站在马克·吐温家门口的草地上，对着房子开放的门廊拍下了一张照片。照片上，马克·吐温的三个女儿正和她们喜爱的狗在一起。左边站的是克拉拉，深色的头发利索地束在脑后，胳膊搂着狗的脖子，似乎想让狗狗看向镜头。那只身披浅色长毛，耳朵和眼睛周围是黑色的狗狗却将头转向另一边，几乎嗅到了简的脸。简还没有狗的个子高，穿着一身白色的公主装，头上戴着漂亮的蝴蝶结，可爱得像个洋娃娃。她胖嘟嘟的脸蛋下意识地侧开，躲着狗狗的大嘴。最右边是苏西，长发垂顺闪亮，面容精致美丽，她穿着考究的斗篷，纤长的手指交叉放在栅栏上，仪态高雅大方。

那年，苏西 12 岁，克拉拉 10 岁，简 6 岁。

她们继承了母亲的美貌，眼睛像极了父亲。

被袋鼠陷害的竞选者

真理还在穿鞋，谎言已跑了半个地球。

——马克·吐温

马克·吐温曾在内华达准州州政府工作过，而从事新闻记者的工作更是免不了与政客有很多接触。他在很多篇作品中，对政治、时局、政客进行了深刻辛辣的讽刺，他曾经犀利地说，“政客就是公众选举出来分发不义之财的人，就是我们的国家里犯罪的阶级”。

《竞选州长》这部短篇小说发表于 1870 年，是美国南北战争结束后的第五年，也是马克·吐温结婚的那一年。这是马克·吐温最著名的短篇小说之一。在小说中，马克·吐温对于州长竞选中党派之间不道德的竞争进行了讽刺。主人公“我”是一个“生平没有做过一桩亏心事”的独立竞选人，然而在竞选过程中却遭到了对手的造谣中伤、诽谤诬蔑。

首先，报纸指控“我”犯有“伪证罪”，并指出“我”在交趾支那侵占了当地一位穷寡妇和孤儿的芭蕉地。对于这莫须有的罪名，“我”惊慌愤怒但又无能为力，结果第二天报纸登载了追加新闻说：“大家都会注意到：马克·吐温先生对交趾支那的伪证案保持缄默，似有苦衷。”

马克·吐温在这里栩栩如生地写出了无良政客为了竞争取胜而抹黑对手的手段：先捏造一些并不存在的事件，影响公众舆论；之后对手如果愤怒辩解，便继续攻击说他是被抓住了小辫子而气急败坏了；对手如果不加回应，则可以宣布对方是一种默认。

马克·吐温描写“我”看到新闻时惊愕的心情：“我从来没有到过交趾支那！我从来没有听说过瓦卡瓦克！我也不知道什么是芭蕉地，就像我不知道什么是袋鼠一样！”足见对手在给“我”编造丑闻时，完全不在乎是否合理，而是信口雌黄、横泼污水。而这种明显的谎话，报纸却会登出来，人们居然会相信，可见这场竞选是怎样的闹剧。

同时，马克·吐温在这里还用了巧妙的双关语。“我”不知道芭蕉地，就像“我”不知道袋鼠，初看是一种幽默，故意把芭蕉地和袋鼠两种没关系的东西放在一起，令人发笑。但实际上，在当时的美国西部，有一个专有名词“袋鼠法庭”，这种法庭臭名昭著，不走正当程序，一向歪曲法律原则，违背公正精神，被看作用来泄私愤的私设公堂，而“袋鼠法庭”最擅长的就是“伪证罪”。所以，马克·吐温在这里其实犀利地揭露出，这种“伪证罪”毫无正义可言，只是政客之间排除异己的工具。

在“伪证罪”之后，“我”又先后被指控为小偷、诽谤者、醉鬼、肮脏的贿赂犯、恶心的讹诈犯、不检点的婚外情者甚至杀人犯！最后“我”不得不对这种无穷无尽的攻击举手投降，退出竞选。

正直的人都被迫退出了竞选，那么可想而知当选的都是些什么样的人啊！

1873年，马克·吐温夫妇搬进哈特福德一个富裕的街区，这里的居民都是一些上流社会的有钱人——大保险公司董事、连锁店老板、出版商、军火商等等，平均家庭收入比美国当时的平均值要高出很多。然而，尽管和这些阔绰的家庭比邻而居，马克·吐温却始终保持着清醒的头脑和不卑不亢的平和心态。

马克·吐温与当时一些有见识的知识分子成为密友，很多作家、编辑、政治家成为他的座上客，经常在哈特福德的房子里相聚。他们成立了各种读书俱乐部和沙龙，一起讨论时事话题与文艺创作。

马克·吐温认为现在书店里的畅销书不过是一些庸俗低级的流行读物，而在批判社会的力度和文学价值上都远远不够。于是，他开始构思写一部长篇小说，描写美国当代社会中的种种现象，这就是马克·吐温的第一部长篇小说——《镀金时代》。这部小说与他的朋友兼邻居、作家查尔斯·特雷德·华纳合著，马克·吐温后来还把它改编成了剧本。

《镀金时代》讲的故事起源于一块土地。农民霍金斯生前买了一块土地，面积有 7500 英亩，他希望这个投资能像聚宝盆一样给自己的子女带来衣食无忧的生活。的确，当时的美国，伴随着铁路交通、矿产开发、工业的迅速发展，铁路与矿区周边区域、工业基地城市的土地快速巨幅升值，很多曾经花很少钱买了土地的人一夜之间成为巨富。财富的神话让不少人节衣缩食也要买一块土地，守株待兔地等待它升值，一生都在盼望自己的土地被投资人看中。

霍金斯在买到土地后曾经放出豪言宣称，这

块土地在未来可以让自己的子孙生活得像王子，被所有人崇拜，自己的姓氏可以在大洋之间传播。可惜，这只是他做的一个白日梦，这块土地最高也只卖到 3000 美金，这当然不足以让他的孩子成为王子，于是霍金斯拒绝了买主的收购请求。而在他去世的时候，这块土地的价钱已经跌到了 500 元，全家除了这块土地以外一无所有。

参议员迪尔华兹觊觎这块土地，他希望政府出面以高价购买下来，建立一所大学，自己好从中获利。他决定利用霍金斯家女儿劳拉·霍金斯的美貌，因为他相信“金钱和美女可以打开所有的大门”。于是迪尔华兹把劳拉包装成上流社会的名媛，通过自己的关系结交了许多社会名流的家人，通过劳拉来诱惑和贿赂那些议员为自己的计划投票。同时，他还让自己的助理故意散播消息，撇清自己与此事的关系。

提案的审议过程也是一波三折，第一次本来已经被众议院通过，但又被媒体指出涉嫌欺诈而搁置。迪尔华兹于是使出反间计，故意恶意抨击提案，反倒导致了市民对提案的同情和支持，提案再次得以被送上参议院。而就在此时，迪尔华兹的贿选丑闻暴露，提案背后的阴谋彻底被揭穿。“名媛”劳拉也因为枪杀欺骗自己的情人而即将被法律审判。

小说中塑造了许多栩栩如生的人物：一个参议员通过承包公共城建项目贪污千万美金，买了许多房产，但不敢放在自己名下，而是挂在众多亲戚名下；一个富翁，因为手里有钱成为骗子的目标。而那些骗子只会忽悠，他们“戴着大钻石胸针，在餐桌上挥舞着刀叉，语法错误百出”地对他宣讲着各种不靠谱的投资计划；一位上校自己没有真才实学，却整天做着发财梦，甚至打算在全世界卖假眼药水，以此挣到花不完的钱。没准哪个人身上就有当时真实人物的影子。

据学者研究，南北战争后，取消了奴隶制的美国社会发生了巨大变化，工业超高速发展，让许多人积累了大量财富。史上最腐败的时期，正是在经济腾飞之后，当时的腐败“几乎侵蚀到政治生活的每一个角落”。[1] 马克·吐温的这部《镀金时代》就是对当时社会现状的最好描绘与反思。马克·吐温指出：《镀金时代》的主题就是

---

①见米琴，张准等所著《美国“镀金时代”的腐败问题研究》一文。

这些支配着公众生活的人物和政治腐败。南北战争前的状况已经很糟糕，而战后，公职更是彻底沦为了私人财产。

《镀金时代》的出版让美国文坛为之惊叹，它对现实大胆的批判使其遭受到一些疯狂攻击，但更多的人则愿意掏钱去买这本能让人头脑清醒的杰作。这本书的销量十分惊人，仅用了三个月就卖出了35000册。后来，马克·吐温亲自将其改编为一部戏剧，由当时著名的喜剧演员约翰·雷蒙饰演主人公塞勒斯上校。该剧上映时座无虚席，在很长一段时间里，都占据着各地的舞台。据统计，这部戏剧演出多达3119场。

女儿眼中的慈父

让自己高兴起来的最好办法就是设法先让别人高兴。

——马克·吐温

1870年11月7日，马克·吐温和妻子的第一个孩子兰登·克莱门斯出生了，却意外夭折。在他快两岁的时候，马克·吐温带他出去兜风，克莱门斯太太把孩子抱到四轮大马车上，用毛皮大衣紧紧裹住，交代马克·吐温看好他。可由于马克·吐温的疏忽大意，孩子的大衣滑落却没有及时发现，等车夫注意到时，孩子几乎冻僵了。

马克·吐温赶紧带孩子回家，但孩子还是害了重病。面对奄奄一息的爱子和悲痛欲绝的妻子，马克·吐温内心万分痛苦和惶恐，失去了坦诚自己错误的勇气。而在后来的自传回忆中，他沉痛忏悔了由于自己的失误酿成的大错。

马克·吐温的大女儿苏西出生于 1872 年 3 月 19 日，二女儿克拉拉在两年之后出生，之后又有了三女儿简，她们给马克·吐温带来了无穷的快乐。

这三个孩子天生具有强烈的同情心，对小动物有着与生俱来的热爱和怜惜。在苏西 6 岁的时候，有一次，克莱门斯太太给她和妹妹一起念故事，那是《圣经》里约瑟夫的故事。在故事中，约瑟夫被自己的哥哥们卖掉了，衣服上还沾着刚宰杀的小羊羔的血。克莱门斯太太充满感情地讲述了约瑟夫悲惨的遭遇，讲他多么可怜无助，被亲哥哥像件东西一样卖掉，讲他的哥哥们又是多么残暴无情，他们是如何毫不顾惜兄弟之情背叛了自己的弟弟。克莱门斯太太看到姐妹两个都被故事情节牢牢吸引住了，尤其是姐姐苏西，小脸已经憋红，小手握成拳头，眼睛里泪水涟涟。克莱门斯太太知道，苏西一定被自己讲述的故事打动了，她一定学会了如何和妹妹相亲相爱。她决定让苏西表达一下自己的想法，妹妹克拉拉虽然还小，也一定能体会到姐妹的亲情。

克莱门斯太太抚摸着苏西的头说："孩子，你明白了什么？"

苏西抽泣着说："哦，那只可怜的小羊羔。"

同样的事情后来也发生在简身上。有一次，她看到一本图画书，里面画了里斯本大地震的可怕场景，大地裂开的巨缝吞噬了人群，而简对上面的惨状没有什么反应。然而当翻到下一页时，看到一些动物在这场地震中遇难，简立刻抽泣起来，说："天呀，这些可怜的小东西们。"

孩子们经常说出一些意料之外的话，给马克·吐温带来了无穷的快乐。苏西 7 岁的时候，马克·吐温在家里办了一场舞会。家里来了很多高贵的先生和太太，那些太太们借用孩子们的房间当化妆间，在里面换上衣服，并在脸上描出美丽的妆容。

当一位太太化妆时，苏西目不转睛地一直盯着她，看她换上缀着丝缎花朵的拖地长裙，戴上闪闪发光的发饰。这位太太对于苏西崇拜的注视也很受用，她在镜子前面一寸寸拍上亚光的粉底，精细地涂上绯色的腮红，又抹上有丝绒般光泽的口红。然后她对着镜子自我欣赏一番，光彩夺目地站起来，对旁边的小崇拜者充满自信和期待地说："亲爱的，看看我怎么样？"

苏西的眼中闪现着极度的羡慕，她轻轻叹了一口气说："唉，我真想像您一样。"

这位太太乐得喜笑颜开，刚准备安抚这位可爱的小姑娘，苏西接着说——用万分真诚的语气说："我多希望也能戴一副眼镜，而且长一口与众不同的歪牙齿啊！"

马克·吐温对孩子的教育方式是典型的美国式教育模式——鼓励孩子发挥天性，容许孩子们的淘气，但那些事先说好的规矩却不容违背，一旦违反必须接受惩罚。

在苏西 8 岁、克拉拉 6 岁那年，她们的夸里农庄假期显得格外不寻常，因为她们第一次被允许参与去地里割草。孩子们一直期盼着能爬上大大的马车。车里堆着高高的干草垛，爬上去相当不容易，但一旦爬到顶，那将是一个前所未有的高度，比爸爸、妈妈，比家里最高个子的仆人都高得多！而干草又是那么松软，像天上的云彩。坐在高大而又松软的草垛上，等马车开动起来，感觉就像腾云驾雾一样。

离割草的日子还有十几天的时候，苏西和克拉拉就已经急不可耐了，她们每天都在讨论如何能更快地爬上草垛、怎么坐着才更舒服之类的问题，天天数着手指头计算还有多少天。她们可爱的样子让马克·吐温和克莱门斯太太乐不可支。

这一天终于来到了，然而就在这天早上，苏西犯了个大错。由于过于兴奋，两个孩子起床时发生了一些摩擦。其实这是几乎每天都会发生的事情，但可能苏西想赶紧去坐那干草垛，为了让妹妹尽快老实下来，她随手举起了一根大人放在门口的棍子，而这种行为是在马克·吐温家被严格禁止的。克莱门斯太太早就对孩子们立下严格的家规，对于两个只差两岁的活泼的孩子而言，她们之间的打闹或许难以避免，但使用“武器”则必须受到严厉的惩罚。

于是克莱门斯太太叫过苏西。苏西已经意识到自己犯了严重的错误，她低垂着头，双手紧张地握在一起。

“你知道自己犯了错误，对吧？”克莱门斯太太是一个极其温柔的女人，但也是一个严格的母亲，她的话有着不怒自威的震慑力。

“是的……妈妈。”苏西嗫嚅着。

“我们之前已经说清楚，姐妹两个打闹时，谁都不可以用任何‘武器’。这个错误非常严重，你不得不接受一个严厉的惩罚。”

“惩罚是什么，妈妈？”

“当然不能像少吃两粒糖或者为壁炉填木柴那么简单。因为这个错误太严重，你需要在脑袋里留下深刻的印象，以后一想到这个惩罚，就再也不会犯同样的错误。你可以自己来说一些惩罚。”

苏西皱起眉想了一会儿，可怜巴巴地说：“第一种是，今年我不要圣诞礼物了。第二种是，姥姥家里的那匹刚出生的小马，我就不给她起名字了，让克拉拉给她起吧。”克莱门斯太太知道，这两个对苏西来讲，确实都算是很厉害的惩罚了。

“第三种是……”苏西看了一眼妈妈，眼里流露出极为痛苦的神情，“第三种是，今天……我不去坐干草垛车了。”苏西眼中噙着的泪水都要掉下来了。

"好吧，孩子！这三种惩罚确实都可以起到让你记住这个错误的作用，那么你自己来挑选一种吧。"

苏西想了很长时间，最后毅然决然地说："妈妈，我决定放弃坐干草垛车。"

马克·吐温有一种要阻止她的冲动，要知道女儿为了今天期待了多久啊。

苏西的语调变得坚定了："爸爸妈妈，我想明白了。其他两种惩罚，不要圣诞礼物和不能给小马起名字，会让我一时非常难过，但也许过了一段时间，我就会忘记它。这样，我不是就又可能犯错误了吗？但如果不能坐干草垛车，我就会牢牢记住，永远也不会忘掉！"

马克·吐温百感交集，一方面，他为自己的女儿感到骄傲，她有勇气对自己施以如此严厉的惩罚；另一方面，他又为苏西失去了坐干草垛车的机会而感到难受。这些天来看到孩子们这么高兴，自己对于今天也是格外期盼，但干草垛上如果没有了可爱的苏西，恐怕没人能高兴起来吧。

然而，苏西是一个有着坚定意志的孩子，一旦做了决定便不会更改。当家人离开去割草的时候，她把自己锁在屋里，紧紧关上门，避免听到外面马车轮子滚动的声音。

那个充满干草香味儿的夏日也便永远留在了马克·吐温的记忆中。

苏西 13 岁的时候，马克·吐温发现她晚上经常提前回到卧室，在台灯下写什么东西，如果有人推开门，她会匆匆把桌上的东西藏起来。后来克莱门斯太太发现，原来苏西是在为爸爸写传记。

马克·吐温感到无比欣慰。在他看来，女儿的这个举动比以往自己所得到的任何表扬都更有价值，所有那些来自评论家、贵族、政客的称赞与敬仰都比不过女儿的这个小举动。

开始写传记以后，苏西更加留意父亲的一举一动，并收集父亲所有精彩的话语。一次，马克·吐温在饭桌上讲了一句很风趣睿智的话，苏西立刻跑开把它记下来，打算用到传记里。

苏西的语言有质朴的美丽，有孩童独特的雅致，连拼写错误也显得分外可爱，具有一种不拘谨的自由自在。马克·吐温将苏西的文字视作珍宝。

马克·吐温从小就具有极强的文字感悟力和操控力，在小学时牢牢把持着全校拼写优秀的奖牌。然而苏西却常常犯各种拼写错误。马克·吐温并不觉得这是苏西的缺点。相反，尽管他自己总能做到完美拼写，却并不严苛地要求女儿也规范拼写。马克·吐温认为，拼写的不同往往能无意识地反映出写作者各自的人格特征，甚至更带有某种启发与暗示，可以让读者更好地看清写作者的心灵，感受到他的魅力。

马克·吐温认为，写文章就像作曲，每个音符都要处在那个最恰当的位置，这样才和谐。用词贫乏，则就像是单调地弹奏同一个音符，枯燥无趣；而过度强调语法，则像一种卖弄的炫技，反而让人无法欣赏旋律的美丽。马克·吐温自己用词贴切生动，表达清晰，却从不喜欢显摆自己的语法水平。对于那些死抠字眼和语法规则的编辑，马克·吐温也一向不敢苟同。他更欣赏那些朴实天然、更有生命的语句。

苏西开始给马克·吐温写传记的时候，马克·吐温 50 岁。苏西这样描述自己的父亲：

> 我有一个非常幸福的家庭，家里有爸爸、妈妈、简、克拉拉和我。我现在写的是我爸爸，我写他并不困难，因为他的性格特别鲜明。

爸爸的相貌已经被人家写过好多回了，可是都写得很不准确。他灰白的头发很美，不太浓密，也不太长，恰到好处。他的罗马鼻子，给他英俊的面容增色不少。他有一双和善的眼睛，留着髭须。他头部和侧面的轮廓特别好，身材匀称。总之，他的外貌有非凡之美，只是牙齿不怎么出色。他肤色白皙，没有留胡子。他是一个很善良的人、一个很风趣的人。他有脾气，不过我们全家人个个都有脾气。他是我见到过的或者我希望见到的最可爱的人——哦，他总是心不在焉。他会讲特别好听的故事。克拉拉和我总是坐在他椅子两边的扶手上，听他讲墙上图画里的故事。①

苏西在她为爸爸写的传记中，深情地描绘了自己小时候那一个个难忘的故事之夜。女儿的记述中的那个马克·吐温不再是一个高高在上的大作家，而是一个平平常常的父亲。从中可以看到一些文学评论家不屑于记录的关于马克·吐温的

①[美]查尔斯·奈德编，朱攸若译：《马克·吐温自传》，第 208 页。

生活细节。比如，他很喜欢打台球，每当伏案写作了很长时间以后，他就会来到台球桌旁，拿起最顺手的那根球杆，打个通宵，仿佛那清脆的撞击声可以让他完全放松下来。再比如，马克·吐温抽烟非常凶，在女儿看来几乎是烟不离手，尽管医生和家人百般劝阻，但都没有什么改变。

苏西在日记里还记载了马克·吐温的很多小事。

> 爸爸走路的样子很特别，那种步态适合他，我们也都喜欢他那样，可是很多人不喜欢。他在思考的时候，喜欢在房间里走来走去；吃饭时，在一道菜吃完、下一道菜还没端上来的时候，他也喜欢踱来踱去。

思考的时候走来走去并不奇怪，很多人都有这样的习惯，但吃饭吃到一半站起来走来走去，就不太寻常了。有一次，一位远房亲戚到马克·吐温家里做客，本来计划多住些日子，但吃了一顿晚饭之后，这位太太便说什么都要离开了。马克·吐温全家百般挽留都不成功，也百思不得其解。直到后来，马克·吐温才从另一位亲戚那里听说，这位太太回去以后告诉别人，马克·吐温十分不喜欢她的到访。在晚饭时，每当上菜空隙，马克·吐温就站起来，在这位太太身后走来走去，让她心烦意乱又很是惶恐不安。她以为这是主人不欢迎自己的一种暗示，吓得第二天一大早就赶紧知趣地离开了。

晚饭后是最温馨的时光，孩子们会迫不及待地拥着爸爸进入书房，在那个大大的壁炉前，伸展开胳膊腿儿舒服地坐在地毯上。冬天，壁炉腾起热气，带来温暖。夏天，里面会飘出好闻的松木香味。苏西和克拉拉会倚靠在爸爸的怀里，望着有壁炉的那堵墙，就跟我们今天在电影院期待看电影一样，但孩子们在期待什么呢？

这面墙中间是壁炉，两旁是巨大的一直顶到天花板的书架。壁炉台和书架的格子里摆了十几二十种小工艺品，有的是朋友送的礼物，有的是家人四处游历时收集的纪念品，有的则是克莱门斯太太从娘家带来的小物件。在壁炉台上方空出的墙面上有三幅油画，一幅画的是一只猫，一幅画的是一个和真人那么大的美少女，还有一幅是一位有名气的画家的作品《年轻的美杜莎》。

马克·吐温要讲的故事的主人公来自面前这堵墙，他需要把墙上所有的小摆设都编进自己的故事，比如那个美人鱼的小雕像，或者那只密西西比河小鳄鱼的模型，所有的人物进入故事的顺序都不可以错，而且必须以油画上的那只猫开始，以那个美少女结束。每个晚上，马克·吐温必须要讲出一个全新的故事，这些小摆设既是孩子最熟悉的朋友，同时也是令她们无比羡慕的英雄，因为它们每天都过着惊心动魄的生活，上天入地，无所不能。

有的时候，孩子们会从报纸或画报上找到一幅插图，让马克·吐温立即编出一段故事，而且她们会捂住画报上的文字，不让爸爸看到这幅插图原本的故事。因为她们要听的，是独一无二的、爸爸只为她们创造的故事。

还有一种情况，就是当孩子们新认识了一个人，或者听说了一种动物、一个职业，她们就会立刻要求爸爸把这些崭新的元素加入当晚的故事。有一天，克拉拉就要求爸爸讲一个关于“水管工与大蟒蛇”的故事。她下午刚从姐姐的同学那里听说了“蟒蛇”这个词，但完全不知道是什么意思，而当马克·吐温在故事里讲了大蟒蛇以后，她兴奋得手舞足蹈，接下去的几天里一直都在模仿大蟒蛇，或者与大蟒蛇战斗。

马克·吐温的幽默和讽刺不仅用在写作上，时不时也用在周围的人身上。苏西有这样一段日记："爸爸说话语气很重，不过我想他跟妈妈刚结婚的时候，语气该不会那样重吧。爸爸认识一位太太，她老喜欢打断别人的话。爸爸跟妈妈说，他想对那位太太的丈夫说：'上帝说：让大地有光吧！那时，幸亏你太太不在身边。'"

苏西年龄虽小，但也听懂了爸爸的幽默。马克·吐温的意思是：如果上帝说的这句话也被这位太太打断了，恐怕现在我们还生活在无边的黑暗中呢。

在苏西出生前的 1871 年，马克·吐温全家搬去了哈特福德。这是康涅狄格州的首府，也是马克·吐温一生中居住时间最长的城市，他在这里居住了 20 年。在孩子们小的时候，每年夏天，马克·吐温全家都会到夸里农庄度假。夸里农庄在纽约埃尔迈拉东部 3 英里之外的一座小山上，农庄有一间独立的林中小屋，处在周围高大的树木掩映中，小屋四面都是通透的玻璃，外墙上爬满了爬山虎，马克·吐温很喜欢这里，将它当作自己的书房。就是在这里，马克·吐温写下了不朽的著作《汤姆·索亚历险记》（1876 年出版）和

《哈克贝利·费恩历险记》(1884 年出版)。

马克·吐温在这两部小说中，对儿童心理的描写极为真实生动，这一方面是因为这些故事来自于作家自己真实的童年记忆，里面很多人物都是马克·吐温的家人、朋友；另一方面，或许在这些小说写作的同时，大作家膝下正环绕着自己可爱的孩子，她们的喜怒哀乐每天都毫不掩饰地呈现在父亲眼前吧。

《汤姆·索亚历险记》写于 19 世纪 70 年代，当时美国工业突飞猛进地发展，市场经济发展和大企业的垄断使得竞争前所未有的激烈，而内战摧毁奴隶制度的同时也加速了维多利亚社会结构的崩溃，一些传统礼仪制度被认为不合时宜，尤其在年轻人中间。这部小说里不循常规、桀骜不驯的主人公正暗合了当时人们内心的愿望。小说语言幽默，又“含着讽刺”。所以鲁迅先生说道：“因为这一点点的反抗，就使现在新土地里的儿童还笑道：马克·吐温是我们的。”①

然而这本书在获得赞誉的同时，也引发了一些争议。有些人认为，在故事的结尾，一直具有

①参见鲁迅《夏娃日记小引》。

反抗精神的汤姆居然顺服于成人世界，还劝哈克贝利也做个“体面人”，这与前面的主题似乎产生了冲突。不过原版编者解释道：“作品其实是对成长进程的一种嘲讽性的说明，因为汤姆最后更接近于圣彼得堡的成人，这些成人往好里说是虔诚而善感，往坏里说则是遇事不能容忍，生性残酷……马克·吐温可能是想提醒大家：我们在长大成人的过程中往往越来越看重社会习俗和社会的赞许与否，越来越丧失我们对个人自由的热爱。”

《哈克贝利·费恩历险记》出版后得到了更为两极分化的评价。一方面，该书销量甚好，两个月就卖出了五万余本。大文豪海明威给予了极高评价：“整个现代美国文学都来源于马克·吐温的著作《哈克贝利·费恩历险记》，这是我们最优秀的一本书，此后还没有哪本书能和它匹敌。”另一方面，这本书却被有些机构划到禁书之列。麻省康谷尔顿的图书委员会称该书为“无聊之作，只能供贫民窟阅读”，不得放在书架上，从而对其封禁，其影响直至今日。

都说养儿方知父母恩，在有了自己的孩子以后，马克·吐温更体会到了当年母亲一个人带大他们四个的不易。他在《汤姆·索亚历险记》和《哈克贝利·费恩历险记》中塑造了一位可敬的波莉姨妈，她心地善良，性格温柔，但对孩子的要求却很严格。这个人物的原型正是马克·吐温自己的母亲——简·兰普顿·克莱门斯。马克·吐温的母亲带大了几个孩子，自己也过了十几年颠沛流离的生活，她先是住在儿子奥利安家里，后来又与女儿帕梅拉同住。1870 年，马克·吐温结婚定居在纽约州布法罗后，他的母亲就住在附近的弗里多尼亚，和姐姐帕梅拉住在一起。1882 年，她搬到奥利安家中度过余生，在 1890 年 87 岁高龄时去世。马克·吐温写下了《简·兰普顿·克莱门斯》来纪念自己的母亲。

《汤姆·索亚历险记》中汤姆的表妹玛丽，原型则是马克·吐温的姐姐帕梅拉·A·克莱门斯·莫非特。她少女时期温柔可亲，多才多艺，擅长演奏钢琴和吉他，所以在父亲去世后才能去做钢琴家教贴补家用。1851 年，帕梅拉嫁给了一位商人，前往圣路易斯。1870 年她的丈夫去世后，她把母亲接来与自己同住。1904 年，她和马克·吐温的妻子先后去世。

马克·吐温的大哥奥利安与马克·吐温有点

相像，也勇于尝试各种职业和生活，他一生做过校对员、发明家、养鸡场场主、律师、演说家和作家。马克·吐温深爱他的大哥，认为“哥哥为人坦诚正直，值得尊敬，一直拥有梦想，他天生就是个追求梦想的人”。出于深厚的手足之情，也为了感激哥哥早年对自己的帮助，马克·吐温从 19 世纪 70 年代中期开始资助哥哥的生活，直到他离世。

壁炉前的戏剧舞台

尽管爱情看上去生长最快，但其实却最缓慢。男男女女无人知晓什么是完美的爱情，直到他们的婚姻持续了四分之一个世纪之后。

——马克·吐温

马克·吐温的家人也是他的作品最早的读者和最忠实的评论家。克莱门斯太太知书达理，在与马克·吐温订婚的时候，正逢马克·吐温第一本书《傻瓜出国旅行记》即将出版。克莱门斯太太便和马克·吐温一起看校样，并帮他编辑。马克·吐温之后的每部作品，她都是第一个读者。直到去世前三四个月，她还在为马克·吐温的新书做编辑工作。马克·吐温满怀敬意地写道：

"她是我最忠实可靠、最明智审慎、最不辞辛劳的编辑……时间长达三分之一个世纪。"

在克莱门斯太太编辑手稿的时候，孩子们总是乐于参与这个美妙的过程。克莱门斯太太经常坐在农庄别墅的门廊里看手稿，那里有一个胡桃木的大桌子和一套非常舒服的沙发。苏西和克拉拉总会围坐在妈妈的身边，求妈妈大声念出马克·吐温写的新小说来。而妈妈也从来都不会让孩子们失望，她会把孩子搂在身边，充满感情地念着那些文字，阳光从大大的窗子照进来，让三个人沐浴在光芒里。

但是让孩子们起初非常困惑不解的是：妈妈的手里总是拿着一支铅笔。有时候，妈妈念了一段特别有意思的内容，引得孩子们哈哈大笑，但妈妈却拿起那支铅笔，要把这段划去。苏西问妈妈："为什么要划掉这一段呢？爸爸说得多有意思啊，那些坏人就应该让他们这么倒霉嘛。"

克莱门斯太太没法向孩子们解释，这样的讽刺太过强烈，恐怕发表出来是不行的，需要再修饰得温和一些。她只是笑着摸摸孩子的头，然后坚决地用铅笔把那段精彩的段落划上标记。

克拉拉这时则会撒娇地大喊："妈妈不要嘛，

这段多有意思，不要划掉它！”同时对着外面大喊：“爸爸，爸爸，妈妈又在划你的故事啦！”

马克·吐温这时则会装出很紧张的样子从书房跑来，装出可怜的样子，一手拉着一个孩子，向太太一本正经地哀求：“哦，亲爱的，求求你了，不要删掉这一段！高抬贵手，放过那可怜的 536 个字吧。”

孩子们会立刻上当，以为爸爸真的不想妈妈把这段划去，于是就更加急切地恳求她们的妈妈把那 536 个字保留下来。甚至有时候，因为马克·吐温装得太真实了，连克莱门斯太太也上了当，真的把已经划掉的文字又抢救下来。于是孩子们会一起发出胜利的欢呼，张开双臂扑进爸爸的怀里，然后热烈地拥抱她们的妈妈。

马克·吐温非常享受这个过程，很多时候，他甚至会故意在手稿里加入一些文字，只为了在太太念出时能博得女儿们的开怀大笑，或者上演一场抢救文字的戏码。当然，这些文字在最后交稿时是要删去的，这只是马克·吐温为了那阳光下的门廊里的欢笑而特别写上的。

三个孩子都非常喜欢马克·吐温的小说。苏西认为爸爸写得最好的一本书是《王子与乞丐》。

《王子与乞丐》是马克·吐温作品中风格较为特殊的一部长篇小说，出版于1881年。它基于英国童话《王子与侍从》的情节，讲述了一个小乞丐汤姆和小王子爱德华交换地位的有趣故事。两个孩子同一天出生，机缘巧合地交换了身份，结果过上了不同的人生：小汤姆过上了锦衣玉食的宫廷生活，而真正的王子却在民间受苦受难。故事的最后，爱德华重新回到宫中，成了一个了解民间疾苦的仁德君主。

《王子与乞丐》被认为是马克·吐温的经典之作，赢得评论界一片称赞之声。有些人对写作手法展开长篇大论的分析，有些作者则努力模仿他的写法。然而苏西看过其他人对马克·吐温的评价后，却认为，没有几个人真正了解自己的爸爸。尽管评论家们大力赞扬马克·吐温所表现出的幽默和讽刺，但苏西却坚信，爸爸的天性是善良和富有同情心，这就是她格外钟爱《王子与乞丐》的原因。

马克·吐温的作品在世界上拥有数不清的评论家，而最小的一位，恐怕就是苏西了。苏西这样评价《王子与乞丐》：

这本书充满了可爱的、迷人的构思，而

那语言，真是完美无缺！我以为书里最动人的场景之一，便是“登基朝拜行列”，写贫儿骑在马背上，由一群贵族簇拥着，这时他看见了他的妈妈。哦，接下去该怎么写？写她怎样冲到他的身边，她看见他一挥手，手指朝外，国王的一个手下马上粗鲁地把她推开，那时，小贫儿居然说出“我不认识你这个女人”这样的话。随后，他想起那句可耻的话，良心受到多大的谴责。书中又写到贫儿的显赫怎样变得一文不值，他的自傲又怎样化为灰烬。这小小的场景，写得多么美，多么叫人感动，爸爸写得多么好啊！

我从来没有看到过一个人，他感情的涉及面有爸爸那样宽广。他的《王子与乞丐》处处令人感动，同时在某些地方又总带着幽默感。在加冕典礼那一场——那激动人心的加冕典礼，就在小国王又一次找回王冠以后，爸爸写到玉玺，写贫儿说他拿玉玺“砸胡桃”，简直太有趣太妙了！爸爸无论写什么，很少不带些幽默感的，今后他一定也还是这样。

女儿对《王子与乞丐》的喜爱也让马克·吐

温非常开心，他写作时听取了女儿的意见，反复修改小说的语言，让小说中两个孩子的表现和语言更符合儿童的心理特征。

苏西12岁半的时候，马克·吐温在全美国进行了一次为期4个月的巡回演讲，中间他有一次机会从西海岸回到哈特福德的家里。走进家门时正是傍晚，他本以为迎接他的是一顿大餐，但没想到家里空无一人，仆人请他立即去邻居华纳家。

马克·吐温饿着肚子穿过落满雪的广场，带着点怨气冲进华纳家，发现华纳家的客厅里全是人，前排还为他留着一个空位。他狐疑地坐下，看到面前的一块布动了起来！原来，那是一个伏在地上的孩子，他还没反应过来，就看到自己的女儿苏西穿着缎子长袍华丽出场了，接下来的动作和对话，马克·吐温再熟悉不过了，这不是《王子与乞丐》中王子与乞丐第一次见面的情景吗？

原来，这是妻子为他安排的惊喜，她特地把这部小说改编成了短剧，家中成员都加入进来，分别扮演剧中的角色，还有邻居兼好友华纳家的女儿黛西·华纳、像家庭成员一样的乔治以及凯蒂。妻子为所有角色专门缝制了精美的服装。因为已经看过太多次这部小说，孩子们早已把所有对白都烂熟于心了，他们非常投入地表演。在马克·吐温看来，这是他一生中最享受的一个晚上。

后来，《王子与乞丐》也成了街区里活动时马克·吐温一家必然要献上的保留剧目。有一次他们演出时，前来观看的邻居和朋友竟然多达84人。

在哈特福德的马克·吐温故居博物馆中，保留着当年马克·吐温家庭戏剧上演时的照片。在一张照片上，女儿们的朋友黛西·华纳和苏西对坐在椅子上，正在表演《王子与乞丐》，华纳穿着一身深色的衣服扮演乞丐，苏西扮演王子，穿着一件闪闪发光的缎子长袍，戴着华贵的缀着白羽毛的大帽子。

另一张照片拍摄于1889年，孩子们明显都长大了，几个少女亭亭玉立，正在演《爱的追求》。克拉拉扮演艺术家，黛西·华纳扮演文学家，苏西扮演音乐家，另一位男孩范尼·福瑞斯扮演牧羊童，他们都穿着精美的戏服，手里拿着木杖等道具。站在中间的简最小，她穿着一身白裙，后背插着雪白的翅膀，手里拿着弓箭，显然她扮演的是丘比特。

马克·吐温在外面是个伟大的作家，但回到家里却是一个普通的丈夫和父亲。所有在某个方面有着惊人成就的人，也都有更多的自己毫不擅长的方面。马克·吐温在很多地方总是不开窍，幸亏有妻子和女儿的帮助。比如说，马克·吐温对于空间和方位很是糊涂，乘坐马车出门时，在自己家门前的花坛都搞不清方向。

再比如，马克·吐温可以飞快地阅读大部头的小说，合上书说出里面所有人的名字和故事的每个细节。但是，当他需要阅读自己的出版合同时，那上面的字就仿佛不是英文似的，完全看不懂了。“第一部分，缔约各方需要……”“第二部分，缔约各方需要……”他看不了几句就已经完全晕头转向了。马克·吐温的秘书此时会极富耐心地为他讲上一遍又一遍，但结果也好不到哪儿去，最后马克·吐温还是耸耸肩膀，表示自己完全不知道这几页纸说的是什么。

在马克·吐温 50 岁的时候，自行车出现了。这种新型的交通工具立刻引发了人们的巨大兴趣，一些大明星都争先恐后购买自行车，骑上它

在外面兜风拍照，而这些照片总会出现在杂志的头版。

对新鲜事物一向充满好奇的马克·吐温怎么可能不被诱惑呢？他立刻也买了一辆自行车。当它被送进家门时，三个孩子都激动地欢呼起来。

但是，骑自行车可不像坐马车那么容易，就像今天学开车要去驾校，在当时的美国，学自行车也有专门的学校。马克·吐温的三个女儿立刻报了名，并且很快就掌握了骑车的技巧。她们每天都要争抢着骑车出去办事，每当她们外出时，街区里的居民都要停下手中的活，欣赏克莱门斯家的女孩子们的潇洒身姿，她们能灵活地控制这种看上去很难驾驶的车辆——它有两个轮子，速度飞快，却不会倒下来！

马克·吐温自己也想学会骑车，他装作可怜的样子求女儿们教自己，三个女儿于是一起帮他坐上车座，一个扶着后车座不让车子倒下来，一个大声喊叫着让父亲控制车把，一个还要跑在前面随时清除路上的障碍物。马克·吐温可没有女儿们那么灵活，他一次次摔倒在地，孩子们就会欢笑着奔过去，把爸爸和车子一起扶起来，抢着指出爸爸错误的地方，并要给爸爸做出正确的示范。马克·吐温虽然摔得身上疼痛，但看到女儿们欢快的样子，心里却非常喜悦。

和家人在一起的时光总是充满了笑声，就连那些本该紧张和忧心的时刻，马克·吐温也能泰然处之。搬进大房子后，出于安全考虑，马克·吐温的妻子在门窗上都装了警报器、感应器，从地窖到顶楼都有。如果有人打开门窗，警报器就会发出尖锐的鸣叫声。

那是一个 3 月的晚上，黑夜寒冷而漫长。深夜 2 点，马克·吐温夫妇突然被警报声惊醒。马克·吐温立即走进离自己最近的卫生间——里面装有警报器的显示器，从上面显示的信号可以看出，地窖的门开了。

马克·吐温冷静地按照警报器的说明，输入授权密码，关掉了蜂鸣器，回到床上。

克莱门斯太太问丈夫："怎么了，警报器又坏了吗？"

"一个好消息，一个坏消息。好消息是，警报器没有坏；坏消息是，我们家里似乎有了不速之客。"

"什么?! 这次显示器上显示有门被打开了吗？"克莱门斯太太紧张起来。

“是的，是地窖的门。”

“那……难道有贼？”克莱门斯太太声音有些颤抖。

“当然是有贼啊，不然难道是主日学校的监督吗？”马克·吐温还有心思开玩笑。

“那……他想要干什么？”

“以我对贼的了解，他们一般希望能偷一些珠宝。但显然他对我们家不太了解，我们的珠宝并不放在地窖，我们的地窖里只有煤和蔬菜。他也不事先问我们一声。你看他初来乍到的，我还真不想让他失望呢。嗯，或许他需要的就是煤和蔬菜？”

“你要不要下去看看呢？”克莱门斯太太虽然嘴上这么说，手却紧紧抓住了丈夫的手，似乎并不打算放他冒冒失失地下去。

“算了，我下去也帮不上什么忙。你知道的，对于咱们家的东西放在哪里我一向糊涂得很，你让我找什么东西我从来找不到。还是让他自己翻翻得了。”

“可是，地窖有一扇通向一楼的门，如果他进入一楼大厅怎么办？”

“那扇门也有警报器，如果他真想去一楼，

警报器会响的。”

似乎是为了证明马克·吐温的话，警报器果然发出了刺耳的声音，在寂静的夜里令人毛骨悚然。

马克·吐温翻身起来，再度走进卫生间查看显示器，并再度关上了瘆人的警报声。他回到床上对紧张得抓紧了被角的妻子说：“看我说得没错，他的确进了一楼大厅。这次，我想他可能想给自己的家人拿一点纪念品——餐巾环啊、瓷杯子之类的。小偷也有家人，他拿走纪念品之后一定会记住我们的。当然，我们也一定会记住他的，不过东西是不用指望能拿回来了。”

“这就是他要找的东西吗？”

“很有可能，但我不是他，我也不知道他到底要什么。只有他自己清楚，如果他想要的是一些值钱点的小摆设，在餐厅里好好找总能找到一些。”

“万一他上我们这层怎么办？”克莱门斯太太的语调听起来紧张极了。

“没关系，他会告诉我们的——我的意思是说，那他一定会再次触发警报器。如果警报器真的响了……”马克·吐温说着，温柔而坚定地给

了太太一个值得信赖的拥抱："我们就从窗子爬出去。"

听听马克·吐温和妻子这段对话，这哪像是家里溜进了贼啊，倒像是在轻松地说相声呢。马克·吐温的心可真宽啊。

幸运的是，那晚警报器没有再响起来。

在马克·吐温睡着之前，他听到太太缥缈的声音在耳边发问："亲爱的，那么我们的警报器到底有什么用呢？"

第二天，马克·吐温一直睡到早上快8点才醒来，他匆匆下楼，准备出门赶火车，这才发现屋里有些变化：昨晚关上的煤气灯开到了最亮，把一楼大厅照得通亮；上个月刚买的一件新毛呢外套不翼而飞，一双还没穿过的黑漆皮鞋也不见了，同时消失的还有一把旧伞。至于还丢了什么，马克·吐温一时也看不出来。

通向屋后的一扇大落地窗敞开着，显然这就是贼离开的途径。马克·吐温忘了自己要赶火车，快步走出去，好像小偷还能在路上等着他一样。

沿着小偷走的路追踪并不难，因为路上隔一段就能看见一样显然不属于森林里能生长出来的东西，一把旧伞、一个仿银的餐巾环、一个雕花的陶瓷烛台……马克·吐温追了一段，拣回了这些东西，凯旋后向妻子宣布，这个小偷一定大失所望。他对妻子说："小偷没上楼来把我们这几个人偷走，这真是他最大的失败了。这才是这个家里最值钱的财富呢。"

从马克·吐温严肃的长相可以猜到，他是个有点脾气的人，甚至有时候还有点暴躁，也会说几句脏话。但他的太太端庄高雅，生活中的事情很少引她不满，即使讨厌的人也很难惹她动怒，她说话从来都是轻声细语，措辞优美。自从和妻子一起生活以后，马克·吐温也时时注意克制脾气，不想在妻子面前展现自己暴躁的一面。

但人贵在慎独，就是在别人看不见自己的时候，也能规范自己的言语行为。马克·吐温有一天早上就失之大意了。

那天，他要去参加活动，在卫生间套上一件在背后系扣的衬衫，结果费了九牛二虎之力扣上一半，却发现少了一颗纽扣，气得他把衬衫扯下来，直接扔出了窗外，还对楼下惊讶的行人粗鲁地喊叫了一番。

发泄完之后，马克·吐温突然发现卫生间的

门没有关紧，也就是说，自己说的那些脏话都被屋里的妻子听到了。他立刻头皮发麻，像个做错事的孩子，打算偷偷溜走。

你猜马克·吐温的妻子是怎么做的呢？

就在这时，马克·吐温的妻子那最温柔的、银铃般的声音在屋子里响起来，而她所说的，就是马克·吐温刚才歇斯底里喊叫时说的那些难听话。

妻子完美地重复了刚才马克·吐温说的每一个词、每一个字。连马克·吐温自己都想不起来自己曾经说了这么多可笑的话，而这些字统统是从来没从克莱门斯太太嘴里说出过哪怕一次的。她的语调还是和平常一样轻柔，她的模仿好像是幼儿刚牙牙学语时在学大人说话，却完全不懂大人的话的意思，又像是孩子在机械地背诵，却不知道自己说的是什么。那些词语本身的邪恶肮脏，和克莱门斯太太纯净的音调形成了极大的反差，这真是最奇异的一幕。

最后，克莱门斯太太严肃地说：“听听，现在，你知道自己都说了些什么?!”

说完，她忍不住笑了起来，而且一笑就止不住，马克·吐温于是也忍不住大笑起来，刚才精神的巨大紧张似乎一下烟消云散，屋里的气氛终于缓和下来。但在笑声里，马克·吐温不会忘记自己刚才的窘态，他永远也不想再经历一次类似的事情了。

马克·吐温的妻子不仅是贤妻良母，更是一位品德高尚的人。她出身于上流社会，却没有对下层民众的歧视情绪，一家人结交了很多开明的社会活动家、废奴主义者。她的父母主张社会平等，反对对黑人的种族歧视，曾经冒着被抓进监狱的风险营救从南方奴隶制下逃跑的黑奴。他们救助的一位黑人，后来成了美国著名黑人领袖。这位叫弗雷德里克·道格拉斯的黑人在马里兰州种植园长大，后来在废奴运动中，成为美国历史上第一位优秀的黑人思想家和政治家，同时也是美国黑人文学的开创者，他的三部自传引起了轰动，并载入了美国文学史。马克·吐温在妻子的影响下，更为深刻地反思了美国奴隶制，也反省了自己曾经或多或少的种族歧视情绪。

马克·吐温一生都无比忠诚和炽热地爱着自己的妻子，他不吝于用最好的辞藻来形容克莱门斯太太。

我妻子的品性，是天生的绝对真诚、绝

对高尚、绝对坦率。她对人对事的判断既可靠，又准确。她的直觉从来没有欺骗过她。她无论对朋友还是对陌生人的行为和品格做判断的时候，总为仁慈留下余地，而她的仁慈之心，从来也没有消失过。我曾经把她和几百个人加以比较，加以对照，最后我坚信，她是我遇到过的品格最完美的人。

我还可以进一步说，她是我认识的人中间最得人心、最端庄的。她的品德和性情属于这一种类型，就是不但叫人崇拜，而且叫人不得不崇拜。经过她慧眼挑选的佣人，几乎百分之百都是值得留下来的，而值得留下来的佣人中，没有一个愿意离她而去。

她总是很快活，总是能够让别人感染上她的快活心情。有九年时间，我们是在贫穷和债务中度过的，那时她总能找出充分的理由，让我从绝望的阴影里走出来，让我从乌云里看到光明。在那段日子里，我从来没有听到她对我们从顺境走向逆境的变化说过一句抱怨的话。她的孩子们也从来没有过怨言，那是因为她对孩子们进行了教育，而孩子们也从她身上学会了坚忍的品格。她给予别人的爱，常常以敬重的形式表现出来，而别人也回报以敬重——包括朋友、亲人，乃至于仆人们。

天上掉下的百万英镑

缺乏钱财是所有罪恶的根源。

——马克·吐温

在美国社会发展阶段，财富与成功在某种程度上是同义词。美国梦的含义之一就是用自己的双手赢得财富，对金钱的追求融汇在每个美国人的血液中，物质上的富足是个人、团体和国家共同的追求。马克·吐温也不例外，他自己也坦诚地说过，希望自己的工作能为家人换取更富足的生活。甚至有评论家认为马克·吐温有着和钢铁大王卡内基、石油大王洛克菲勒相通的精神实质。

但可贵的是，马克·吐温在文学创作中对于人们对金钱的过度追逐给予了激烈的批判和深刻的反思。他认为美国人过于崇拜万能的美元，比起其他国家的人来说，美国人总是更加卖力地为“美元万能观”做着贡献，而这是十分愚蠢的。马克·吐温创作的著名短篇小说《百万英镑》，用夸张的笔法，用一个虚构的“天上掉馅饼”式的故事，栩栩如生地刻画了贪得无厌的人性。正如天上不能掉下馅饼，天上掉下百万英镑也注定是一场荒诞的白日梦。

《百万英镑》是马克·吐温最著名的短篇小说之一，它写作于1893年，当时马克·吐温已经58岁了。但它所描写的时代却是马克·吐温的年轻时代，小说中的主人公，那个27岁在旧金山矿业经纪人手下当雇员、熟知证券交易的年轻人多少有着马克·吐温自己真实经历的影子。

马克·吐温年轻时在内华达当记者期间，对投资信息非常灵通，他推断金银矿藏会持续高速发展，又看到淘金热中发财的矿山主们大量出售股票以筹集资金，于是把自己当记者的全部工资和稿酬都购买了股票。但他也通过理性的分析告诫自己，如果内华达准州最终正式成为美国的一个州，那么股票价格就会大跌，那自己就应该立即卖出股票。

最初，股票价格飞速上涨，马克·吐温对自己的投资非常满意，以致当内华达被纳入美国版图，成为一个州时，他也没能理智地抽身而退。结果一夜之间，股票市场泡沫破裂，马克·吐温持有的巨额股票价值化为乌有，他和《百万英镑》里那个年轻人一样不名一文。

在小说中，马克·吐温对19世纪淘金潮中金钱至上的拜金主义进行了深刻反思。在30年前，他不仅看到了身边形形色色的人为金钱而疯狂，而失去理智，也亲身体会了自己是如何面对诱惑而失去理智的。

而极富意味的是，回到30年后《百万英镑》写作发表时的现实生活中，马克·吐温仍然需要接受金钱的考验。他年近花甲，文学事业的成功给他赢得了财富，也让他习惯了奢侈的生活。另一方面，激进的投资、经营的不利又让他陷入了债务危机，全家的舒适生活随时可能化为泡影。或许正因为马克·吐温对金钱有欲望，他才能将那些爱财者的内心剖析得如此入木三分吧。

在这部小说中，一个穷困潦倒的美国青年来到伦敦，被两个打赌的英国大亨看中，送给他一张无法兑现的百万英镑面值的大钞。有了这张大钞傍身，穷小子一下成为头戴光环的贵人，走到哪里都被人顶礼膜拜，连褴褛的衣衫也被看作生性诙谐而故意为之。

《百万英镑》的故事主体结构基于一个虚构

的事件——穷小子得到百万英镑，但里面的细节却处处逼真写实，对人们唯利是图、见钱眼开的丑态刻画得入木三分。

比如，当“我”在饭馆吃完饭，拿出钞票给老板看时，老板“整个人都僵住了，他全身心都在顶礼膜拜，看样子似乎手脚都不能动弹了……我把钞票往他手里塞，他连连缩手，连碰都不敢碰它。他想看那张钞票，饥渴的目光牢牢盯住它，似乎怎么看都看不够，但是他不敢碰它，似乎那是一件圣物，绝不是可怜的肉身凡胎可以接触的”。

而当“我”穿得破破烂烂走进一家服装店时，只认衣服不认人的老板刻薄地刁难和挖苦“我”，直到“我”拿出了那张百万英镑——

> 那是一种布满整个脸蛋的大型的微笑，中间还有皱折、鱼尾纹和螺线纹，就像你往池塘里扔了块石头一样；当他向钞票瞥了一眼时，那微笑立即冻成了冰，霎时间脸都黄了，就像你可以在维苏威火山侧面的小平川上看到的那些波纹状的、一条条蠕虫似的凝固熔岩。

在金钱的光环笼罩下，政客与富翁争相攀

附，让这个社会底层的小辈获得了无上荣光。“随着我的名声大噪，我的地位一再稳定地攀升，最终到达可能达到的最高位置——比一切非王室成员的公爵们以及除坎特伯雷大主教以外的一切神职人员都要高——于是我就稳居在这个位置上了。”这正是金钱成为地位阶梯的最好写照。

对金钱的魔力更为深刻讽刺的描写出现在小说后半段。劳埃德是一个投机家，他掌握着一座矿山的期权，如果有人愿意投资，那么超过一百万美元的部分都可以归他所有。然而他没有说动任何一个投资者，眼看就要破产了。

“我”答应为劳埃德做担保，“我没干别的事，每天只是坐在家里，对所有来访的人说：‘没错，是我对他说可以咨询我的。我了解这个人，我了解这座矿山。他的为人无懈可击，而那座矿山的价值远远超出他的要价。’”

一个月以后，来自各界投资人的 300 万美元流进了账户，“我”和劳埃德平分了 100 万美元以外的超出部分。“我”拥有了真正属于自己的 100 万美元巨额财富。

这就是资本的运作，钱可以生出钱，一张根本不能兑现的百万大钞可以借它的影响力，利用人们对金钱的趋附，生出看得见摸得着的百万巨款。

小说生动地描写了人们对金钱的媚态、势利的人际关系、扭曲的社会价值观，即使在一百多年以后读起来，仍然令人感同身受。

马克·吐温的另外一篇精彩地描写了金钱的小说是《三万元遗产》。

故事的主人公是一对夫妇，他们有自己的房子，有一份说得过去的工作，有不多不少的存款，还有一对十几岁的女儿，简直就是美国社会中最常见最普通的那一类人。

然而有一天，他们平静的生活被打乱了。邻近州的一位远房伯父写来信，说自己年事已高，决定死后给他们留下 3 万美元的遗产，但他们必须答应三个条件：一是不要告诉别人这件事；二是不许打听这位老人是否病重或即将过世；三是不要参加葬礼。

对于夫妇二人而言，3 万美元是一笔从天而降的巨大财富。那时他们每年挣 800 美元，2000 美元就可以买一座带家具的大房子了。于是夫妇二人不可避免地陷入了对这还没到手的 3 万美元该如何消费和投资的幻想中。

丈夫萨莉兴奋地表示要去买马车、雪橇和皮草——他有一个像女人的名字，也有着像女人的花钱习惯。然而妻子亚历克则无情地给予了否决——她有一个像男人名字的昵称，在对待钱的态度上也更为强硬和充满野心。亚历克要把钱拿去投资。经过谨慎地考察选择，她决定投资煤炭、石油和小麦。这样，两三年的时间，就可以赚 18 万美元！

之后，夫妻俩开始每天关心股票行情，并在想象中买进他们看好的股票。当那只股票止步不前，他们就会夜不能寐；而行情上涨的时候，两个人就欣喜若狂。在他们的眼中，自己住的小木头房子变成了有铁艺栏杆的砖砌楼房，朴素的碎呢地毯换成了普鲁塞尔华贵地毯，还新购置了煤气壁炉、华美的吊灯，总之，所有东西都焕然一新。

虽然还需要担心自己未付的账单，但夫妻俩已经沉浸在对未来富有生活的想象中了。他们要求女儿远离她们现在的追求者——年轻的补锅匠和泥瓦匠，而开始考虑镇上的牙医和律师。突然，由于他们的一笔投资得到了惊人回报，钱猛涨到 40 万美元，夫妻俩于是将目光转向肉罐头批发商的儿子和银行行长的儿子。但又一次，亚历克做了一笔冒险的买卖，成功地把资产增值到了100 万美元。夫妻俩激动得几乎晕过去，他们一边喝着廉价啤酒并把它想象成昂贵名酒，一边下定决心，两个女儿非州长和众议员的儿子不嫁。

萨莉与亚历克的幻想持续了两年的时间。在这两年里，他们当上了全国各大连锁企业的董事，家庭财富不断翻番，当初的 3 万美元已经暴增到 24 亿美元！他们一边在铁路系统、邮电系统、钻石矿呼风唤雨，一边被缠绕在无穷无尽的扫地、洗盘子、铺床之类的生活琐事中；他们一边每天拿出几百万购买奢侈品，或慷慨地捐赠给各种社会团体，一边从商店偷取蜡烛、肥皂、苹果拿回家。

两夫妻完全沉浸在了自己的幻想中，他们住进了山顶宫殿，家里名流云集，平时乘坐私人游艇环游世界，他们的女儿则将嫁入王室。而这场美梦在一场股市波动中达到了高潮。

在股市震荡中，萨莉与亚历克的股票疯狂地上涨，夫妻俩也随之登上狂喜的云端。然而随之而来的是灾难性的暴跌，二人所拥有的财富在瞬间化为乌有。二人抱头痛哭，直到萨莉提醒亚历克："亲爱的，我们那 3 万美元还原封未动呢。"

小说到这里还没有结束，一位访客带来了关于那位留下遗产的远房亲戚的消息。原来这位亲戚 5 年前已经去世了，而且他一生贫困，根本没有什么 3 万美元的遗产，死后只留下了一辆没有轮子的手推车。

最后，萨莉与亚历克在巨大的失落中郁郁而终。临死前，萨莉说："暴发的、不正当的巨大财富是一个陷阱。它对我们毫无好处，疯狂的欢乐只是暂时的；可是我们为了这种意外横财，却抛弃了甜蜜而单纯的幸福生活——让别人以我们为戒吧。"

在这篇小说中，金钱折射出了人性的贪婪，让人沉迷，让人疯狂，也让人灭亡。

第五章
晚年生活

马克·吐温的前半生获得了崇高的声望，也积累了丰厚的财富。他借助自己的声望和影响力，帮助困境中的前总统，帮助中国清朝留美学生。到了晚年，他的财富却一度在股票市场、投机生意以及种种骗局中损失殆尽。尽管作品中流露出一些悲观黯淡的想法，但他对家庭对妻女始终充满爱心。在妻子和女儿的支持下，马克·吐温通过环球演讲和写作东山再起。妻子与爱女的一一离世让他的精神和身体遭受了沉重打击，但他仍然在古稀高龄奔走于政治与社会组织中，不懈地吁求着正义与和平，终其一生，始终保持着乐观、幽默，笑对人生。

与格兰特将军相识

世界上主要有两类人。第一类人有所成就，

第二类人号称自己有所成就。第一类人不如第二类人那么多。

——马克·吐温

格兰特将军是马克·吐温一生中最钦佩的两位美国总统之一。他将格兰特将军称为“最杰出的美国人，一位比肩乔治·华盛顿的伟大将军”。马克·吐温与格兰特，两位历史上的风云人物，他们的生命轨迹来自完全不同的方向，但最后却交汇到了一起。

格兰特将军全名是尤利西斯·辛普森·格兰特，1822 年出生于俄亥俄州，是第一位陆军上将，在南北战争后期担任联邦军总司令，之后当选为第 18 任美国总统并连任。格兰特是一位军事天才，骁勇善战，他指挥了南北战争中联邦军第一场胜仗——唐纳尔逊大捷，逼迫南方军队无条件投降。这场战役后，格兰特被林肯总统提拔为少将，还结识了老乡谢尔曼，并任命他在自己手下当师长，两个人从此默契配合，几乎是攻无不克，战无不胜。

格兰特将军被视为美国南北战争的英雄，尽管他大半生浴血沙场，但他的名言却是：“让大家安享和平。”1866 年，约翰逊总统把全美国第一个上将军衔授予了战功累累的格兰特将军。

在约翰逊卸任后，格兰特当选为新一任美国总统。那是 1869 年，格兰特 46 岁。他全力处理南北战争之后留下的乱摊子，力主重建美国南部地区民主政治，恢复经济，有效地让制造业和石油业得到了发展。他安抚民心，赦免一些南方叛乱者，在南方公立学校实现了黑人白人同校的制度。不过格兰特虽然具有军事天赋，却毕竟缺乏从政的经验。他在任期间，政府出现许多丑闻，经济也未产生明显起色。在连任两届后，第三次竞选美国总统时他以失利告终。

卸任美国总统之后，格兰特携家人周游世界，访问了欧、亚、非许多国家，包括英国、法国、德国、意大利、埃及、俄罗斯、印度、日本、墨西哥等等。1879 年，格兰特将军来到中国，在天津见到了当时的清政府直隶总督兼北洋大臣李鸿章。

1866 年，在华盛顿的一次高规格的宴会上，马克·吐温第一次见到了格兰特将军和谢尔曼将军。当时格兰特将军是五星上将，他们只是礼节性地握了握手，甚至没有交谈。

格兰特将军当选为美国总统后，在内华达州

参议员的引荐下，马克·吐温第二次见到了他。马克·吐温当时刚发表了一系列作品，有了一点小名气。格兰特总统身材不高，但体格健壮，举止利落，有着职业军人的凛凛威严。马克·吐温跟总统握过手后，两人都沉默了好久。马克·吐温先开口说："总统先生，在您面前，我感觉自己不太自然。您呢？"格兰特总统蓄满胡子的脸上露出了笑容。

之后的十年，马克·吐温没再见过格兰特将军。直到 1879 年，田纳西的老兵在芝加哥组织了一次规模极为盛大的聚会，请格兰特将军检阅游行队伍。马克·吐温也登上了检阅台，而且坐在一个较为显眼的位置。当最后两位嘉宾出现在台前时，人群中爆发出山呼海啸般的欢呼，原来是格兰特将军来了，陪同他的是芝加哥市长哈里森。哈里森与马克·吐温相识，一眼看见了马克·吐温，便向格兰特将军介绍说："这位是克莱门斯先生。"

格兰特将军与马克·吐温握了握手，沉默片刻后说："我并不觉得不自然。你呢？"

显然，这是对十年前马克·吐温那句半开玩笑的问话的回答。

这次芝加哥聚会汇集了众多老兵，以及几乎所有当时在世的将军，众人身上佩戴的军功章闪耀得如同天上的群星。在聚会上，特别邀请了15位声名显赫的社会名流致辞，马克·吐温也是其中之一，而且是压轴的一位。

致辞从夜里10点开始，等到马克·吐温上台的时候，已经是半夜两点了，有的人已经困得睁不开眼睛。马克·吐温知道，自己的致辞必须别出心裁才能让听众保持清醒，也对得起主办方交给自己压轴的任务。

马克·吐温的演讲并没有总结这些将军过去的赫赫战功，也没有赞美他们为现在的美国带来的美好生活，他所绘声绘色讲述的，是未来的美国，是50年后的美国。

> 在那时，美国已经是一个拥有两亿人口的大国，那无疑是一个更为辉煌伟大的时代。而在五十年后成为美国总统、成为五星上将的大人物，今天又在哪里呢？他们分散在我们广袤的大地上，他们，躺在各自的摇篮里。

观众为这样别开生面的设想笑着鼓起掌来。马克·吐温接下去说：

此时此刻，在美国国旗下的某一个地方，未来的美国三军总司令并没有在摇篮里为他未来的荣耀与职责发愁，而是让他充满战略思想的大脑集中思考：怎样才能把他的大脚趾塞进自己的嘴巴里面去——我这样说，并不是对今天在座的显赫的贵宾有什么不敬，而只是说，五十六年以前，他正把全部注意力集中在这一方面。

观众的笑声停止了，掌声也停息了。显然，对于在场的将军们而言，这样的笑话多少有些过分。

这在马克·吐温的意料之中，他甚至多等了十几秒，让这静默更彻底。然后在所有人的注视下，他转向将军，说：

如果说，“孩子是成人的父亲”，那么对自己的成功，极少有人会加以怀疑。

“孩子是成人的父亲”，这是 19 世纪英国大诗人华兹华斯的一句名言。用在这里，既幽默又充满智慧，将军哈哈大笑起来，全场立刻被热烈的掌声淹没了。

马克·吐温与格兰特将军还曾经与远在千里之外的中国产生过联系，那是在 1879 年前后，为阻拦中国清朝政府下令召回在美国留学的中国学生一事。

清末洋务运动兴起，以爱新觉罗·奕䜣、李鸿章等为代表的洋务派主张学习西方的先进技术和教育。被称为“中国留学之父”的容闳是清朝第一位赴美留学生，他 1847 年出国，毕业于耶鲁大学，后来回国辅佐曾国藩。在容闳和曾国藩的大力推动下，清廷在上海成立了“总理幼童出洋肄业局”，以推动幼童赴美留学。负责人为太常寺正卿陈兰彬与江苏候补同知容闳，这二人后来分别担任了中国首任驻美公使及副使。1872 年，首批选拔的 30 名幼童被送往美国。之后，又陆续送出去 100 多人。

然而，国内洋务派与保守派斗争激烈，最终，在 1879 年，清政府里的保守派占了上风。陈兰彬也看不惯在美国留学的中国年轻人被西方文化影响，跳交谊舞，剪掉辫子，于是写信给清廷告状，最终导致政府下令召回所有在美国求学的中国少年。容闳大受打击，但并没有放弃，他找到多所美国学校的校长，请他们联名签署了一份请愿书，里面详尽地写上了中国学生在美国所取得的巨大进步，列举了他们学到的知识技能，希望以此证明他们将来回国后将为祖国做出巨大贡献。

容闳还怕校长们的说服力不够，他托一位牧师找到了大作家马克·吐温，又拜托马克·吐温去找前任总统格兰特将军，因为格兰特将军的影响力可能比一百个大学教授更大。马克·吐温完全同意容闳的看法，他也认为中国留学生来美国学习先进的科学技术，对中国的发展无疑大有好处。他立刻与牧师前去拜访格兰特将军，并且为此提前准备了详细的情况说明。

没想到的是，格兰特将军一听到是这件事，没等他们介绍情况就滔滔不绝地说了起来，原来将军对此事已经了然于胸。将军表示不仅愿意在请愿书上加上自己的名字，而且甚至可以做更多——他当即亲笔给李鸿章写了一封信，里面条理清晰地指出了如果把这些留学生半途撤回将是清政府多么遗憾的损失。

格兰特将军的信刚寄到中国，清政府就立刻复信，表示要陈兰彬继续保证学生们在美国继续求学。

马克·吐温非常欣慰，尽管这是与自己相距遥远的另一个国家的一些孩子，但他愿意用自己的影响力去改变他们的人生。他也为自己作为一个非政治家，能影响到清政府的一些决定而感到自豪。

只可惜，马克·吐温和格兰特将军只取得了暂时胜利。1881 年，清政府还是召回了全部留美学生。尽管未能最终完成学业，但小留学生中间的一些佼佼者，如詹天佑，还是为中国的发展做出了巨大贡献。这也证明，马克·吐温的判断是正确的。

马克·吐温之后还曾经与中国发生过联系。1900 年 11 月 23 日，在看到八国联军侵略中国的报道后，马克·吐温在纽约伯克利博物馆内发表演讲，他激愤地说：“为什么不让中国摆脱那些外国人？他们总是在中国的土地上进行破坏。如果他们都能滚回老家去，那么中国这个国家一定会变得更加美好……我愿郑重声明，让中国自己去决定，哪些人可以到他们那里去，这就是谢天谢地的事了。”①

马克·吐温夫妇曾资助一个艺术家，叫格哈特，出钱让他去巴黎深造。马克·吐温的初衷是

①徐琰编著：《马克·吐温幽默之王》，北京：北京师范大学出版社，2012 年。

承担一份责任，去帮助一个有才华却没有经济实力的人实现自己的梦想。马克·吐温相信格哈特有资质成为一个出色的雕刻家。尽管他给格哈特的资助比亲生父亲还要多，但他并不把自己和格哈特的关系看作是父子。马克·吐温从没想过要格哈特感激自己，他不要求对方一定要还钱，也不许对方将来为了还钱而超过自己的支付能力。

有一天，格哈特带着一尊自己雕刻的小像来拜访马克·吐温，那尊小像雕刻的是格兰特将军。马克·吐温惊讶地发现，尽管格哈特从未见过将军本人，但这尊仅仅照着照片雕出的小像却是惟妙惟肖，简直是所有格兰特将军的雕像中最像的一尊。马克·吐温带着这尊雕像和格哈特去拜访了格兰特将军。

本来马克·吐温还担心这次贸然来访会打扰将军和他的家人，但没想到将军的妻子和家人表现出了格外的热情。将军夫人看过马克·吐温的小说《哈克贝利·费恩历险记》，并清楚地记得里面描写雕刻的那个段落。她对格哈特的作品赞不绝口，还叫来了全家人，一起对雕像提出建议。

对这个雕像的鼻子和额头的一些细节大家产生了不一样的意见，在全家人拿着几十张将军的

照片争论不休之后，格哈特被请到了将军的卧室。他恐怕是第一位被允许拿着黏土走进将军的卧室，直接照着将军本人雕塑的艺术家了。格哈特激动万分。将军此时正经历着病痛的折磨，然而当他坐起来时，脸上没有半点痛苦的表情，只有这半个多世纪以来历经沧桑之后的沉稳与真正的男人的坚毅。这尊雕像完美地再现了将军的外形与内心世界。

将军的家人对格哈特的作品非常满意，请他拿回去最后完成。临走前，将军的儿子格兰特上校特别带马克·吐温去看了一幅油画，问他认不认识画里的人。马克·吐温端详半天，老实地回答不认识。格兰特上校说，这曾经是关于格兰特将军最完美的一幅油画，如同镜子一样丝毫不差，然而画家非要在画像上增添一些修改，以此显示自己的高超技艺，但最终，再也没人能从这幅画里认出格兰特将军了。

马克·吐温明白，有的艺术手法是画龙点睛，而有的则是画蛇添足，他叮嘱格哈特不要增加任何无谓的细节。最终，这尊雕像成了最像将军的一尊，也是他在世时所做的最后一尊雕像。每当看到这尊雕像，马克·吐温就会想起那个下午，老将军撑起病体从床上坐起，脸上没有丝毫痛苦，只有无畏与安宁。

1884 年 11 月，马克·吐温刚刚结束了一场演讲，他从演讲厅出来，一路步行回家。下着雨，路上行人不多，身边两个路人的议论声飘进了马克·吐温的耳朵：

“格兰特将军要写回忆录了，你知道吗？”

“真的吗？他真的下决心了？”

“我想是的，将军今天对于自己的回忆录说了很多想法。”

马克·吐温出版过很多书，但都是自己的书。他本来也从没想过要出版别人的书，但出版格兰特将军的回忆录显然值得为此破例。事实上，马克·吐温之前曾经向将军提出过出版他的回忆录，但被将军拒绝了，因为那时他并不缺钱，也不是文人，没有出回忆录的打算。

在那个雨夜听到片言只语的信息之后，马克·吐温彻夜未眠，第二天一大早，他便到了格兰特将军的宅邸。当时将军和他的儿子正在书房里，准备为他的回忆录签出版合同。将军已经读完了合同文本，就差签字了，然而马克·吐温阻止了这最后一步。

“将军，请您先不要签字，是否可以让我听听这份合同的内容呢？”

将军的儿子——格兰特上校把合同给马克·吐温念了一遍。

马克·吐温听完，转向将军说：“将军，我很庆幸我的出现是如此及时，可以避免您遭受巨大的损失。您的出版商世纪公司在合同里写明，付给您百分之十的版税，但这一般只是给那些默默无名的小作者的标准，像您这样的作品，至少应该得到百分之二十。”

格兰特将军看上去很意外：“世纪公司是这里最大的出版商了，他们是经过计算得出的这个数字。”

马克·吐温继续说：“希望他们是出于无知，而不是故意欺骗。也许他们对征订出版和零售都没什么经验。要我说，甚至可以把版税百分之十改成纯利润的百分之七十五。”

将军摇摇头：“我不相信他们愿意付这么多钱。”

“怎么会不愿意！我敢肯定，如果能出版您的回忆录，整个美国国土上所有的出版社都乐意出这样的价钱。”

“我不是你，我不是一个作家，我担心没有人想要看我写的东西。”

“全世界的人都知道您其实文笔绝佳，而且有独特的幽默文风，只是您自己还没有意识到这一点。而且您的经历那么吸引人！”

“巴多将军写过一本《格兰特将军的戎旅生涯》，但销量一般。约翰·拉塞尔·杨恩也写过一本《与格兰特将军的环球之旅》，他还是著名记者和作家呢，但那本书也没卖出几本。”

“不，这不能证明什么！别人写您和您自己写自传有着天壤之别，我敢肯定。”

将军仍然对自己写自传没有什么信心：“但我之前已经与出版商讨论过这份合同了，我还是签名吧。”

马克·吐温将手按在将军的笔上：“而且我不得不说，在您的合同中，还规定，办事员的工钱、房租、清洁费等等支出居然要从您的百分之十的版税中扣除。这样的条件，不仅是对您应得价值的掠夺，而且甚至是一种侮辱！我认为，您应得利润的四分之三，出版商可以分得四分之一，而且他们必须负担全部的杂费。”

“可是，这样是不是对出版商太不公平了？”

将军反而不好意思了起来。

“不，不！对您这样一位伟人而言，出版您的回忆录，不仅是一种至高无上的荣誉，而且四分之一的利润已经是可以令他们乐不可支的巨大收益了。”

“你真能举出还有哪家出版商，愿意以你所说的条件出版我的书吗?”格兰特将军显然还是不太相信。

“当然，比如哈特福德美国出版公司。如果您同意，我可以发一份电报给他们，并给您看他们的回复。电报来回需要 6 小时，如果您希望更快一点，我甚至可以亲自跑一趟，把他们的合同拿给您比较一下。”

格兰特将军还没有明确表态，但他的儿子格兰特上校已经被马克·吐温说动了，他决定把现在这份合同搁置 24 小时，好好再考虑一下。

在来格兰特将军家之前，马克·吐温早就了解了关于格兰特将军跟世纪公司的往来。

事实上，格兰特将军在卸任总统离开白宫时，几乎是一贫如洗，还不如一个三流医生生活得体面。他在纽约从事投资业屡屡失败，一位朋友费迪南·沃德邀请他合伙，成立了一个经纪行，叫作格兰特一沃德公司，将军和他的几个儿子参与公司的投资。但这个沃德其实是个骗子，在他手下吃亏上当的商业精英数不胜数，更何况是将军这样的不熟悉商业运作的人。

沃德是怎么骗人的呢？有一次，一个富豪找到沃德，给他一张 5 万美元的支票，说：“我马上要去欧洲一段时间，这 5 万美元暂时用不到，我倒要看看你有没有本事帮我把它翻个番。”

过了几个月，富豪从欧洲回来，找到沃德问那 5 万美元的下落。沃德刷刷写了一张 25 万美元的支票，做出一副满不在乎的表情递给对方，仿佛让这钱增长 5 倍对自己来说是件完全不值一提的小事。那富豪拿着那 25 万美元的支票愣在原地，许久之后他把支票毅然还给了沃德，说：“我见到了你的本事，我决定把这 25 万也全交给你，请你继续让它们增值吧。”

结果可想而知，富豪再也没有见过那笔钱。

骗子沃德在悄悄侵吞了格兰特将军的所有财产后，宣告经纪行破产。格兰特将军最后被诈骗得几乎一无所有，毕生积蓄都蒸发得无影无踪，而且还欠下了债务。堂堂美国前总统，却连买生活必需品都需要赊账！为了还债和维持家人的生活，格兰特将军甚至变卖了曾经跟随他戎马倥偬的纪念品，包括自己最钟爱的从不离身的军刀。后来，尽管美国国会通过决议，破例恢复他的上将年薪，但他仍然有着巨大的还债压力。

就在这时，世纪出版公司邀请将军写文章，每篇付给他 500 美元稿费。将军非常感激，并把世纪公司视为自己的大恩人。但事实上，将军的文章帮助世纪公司增加了 12 万册的销量，广告收入翻了一番，在 6 年里，每个月增加了将近 1 万美元的收益。

与格兰特将军分开以后，马克·吐温猛然想到，自己名下也有出版公司，完全可以出版格兰特将军的回忆录，其实没必要把这个机会拱手让给美国出版公司。他打算第二天跟格兰特将军毛遂自荐一下。

而格兰特将军在送走了马克·吐温后，立刻约了老朋友谢尔曼将军见面。因为谢尔曼将军正巧刚刚出版了他自己的大部头回忆录，格兰特将军认为可以从他那里获得一些信息给自己参考一下。

威廉·特库赛·谢尔曼将军是南北战争中联邦军的著名将领，地位仅次于格兰特将军。他是格兰特将军的嫡系，与格兰特将军配合默契，赢得了一场又一场重要战役。谢尔曼将军 1869 年晋升上将，后来接任格兰特将军成为美国西部军管区总司令，而后又接任了格兰特将军陆军总司令的位置。谢尔曼将军在作战中手段异常强硬甚至残酷，不仅对武装部队，对普通人民也施加了无情的打击。他在乔治亚作战时曾经说："我要让整个乔治亚鬼哭狼嚎，不管男女老幼都感受到痛苦，我的军团将毁灭乔治亚！"

谢尔曼将军在内战期间这种不加辨别的全面打击引起了巨大的争议。很多人指责他指挥的战役对人民和文化造成了巨大破坏，让无数家庭失去了亲人，让城市、村镇化为灰烬。但也有人支持他，认为只有这种令所有人都无法忍受的恐怖才能真正终结战争。谢尔曼说："如果人们觉得我残酷和残忍的话，我就会告诉他们：战争就是战争，它的目的并不是要博得人们的好感。战争就是地狱！如果你们想停止这一切，想要和平的话，你们和你们的亲人就应该放下武器，停止这场战争。"

谢尔曼将军强悍的性格、叱咤战场的经历，以及有着巨大争议性的战争理念让他成为人们口中的传奇人物，他的传记一经推出就引起抢购热潮，他自然也从中获得了不少版税收入。谢尔曼将军一五一十地把自己如何出版了传记，又拿到了多少报酬都告诉了格兰特将军。

第二天上午，当马克·吐温再次来到格兰特将军家的时候，他和格兰特将军似乎都改变了自己的想法。将军考虑换一家出版公司，而马克·吐温则不打算继续推荐美国出版公司，而是自己承担下这一出版业务了。

格兰特将军谦逊地对马克·吐温说："你知道的，谢尔曼将军刚刚出版了他的回忆录，上、下册厚厚的两本，谢尔曼告诉我他那书的利润是25000美元。你觉得我的书能有那么大收益吗？"

"当然。我知道，谢尔曼将军的书主要靠零售，而我认为，这类回忆录最好的发行途径是征订，这比只用零售的收入会高8—10倍。我有信心让您的收入大大超过谢尔曼将军！"

"为什么你如此确信呢？其实我之前和另一位出版商谈过这个价钱，但他们听到25000美元的时候，吓得掉头就跑。"

"这样吧，将军。我现在兜里就装着支票簿，我可以马上给您开一张5万美元的支票，您可以立即与我签订合同。"

“这不可能！我们是朋友，万一这书收不回成本，我绝不能看着朋友承受这样的损失。”

“那要不就按我之前给您建议的，您拿利润的四分之三，我拿四分之一，而且我来负担所有杂费。”

将军放声大笑，“负担所有杂费？那你还能剩多少钱呢？”

“6 个月之内，我可以挣 10 万。”

看到将军满脸的不相信，马克·吐温拿过纸笔给他演示起来：“我的书每本卖 15 万册，平均每册 4 美元。而您的书的价值应该是我的 4 倍，也就是可以卖掉 60 万册，那么纯利润可以达到 50 万美元，我的净利润减去那些杂费后，还可以剩下 10 万。”

在马克·吐温的劝说之下，格兰特将军最终与他签订了合同。

格兰特将军此时已经身患重病，但他以坚韧的毅力，坚持写完了自己的回忆录。1885 年 7 月 23 日，格兰特将军在纽约阿迪朗达克的麦克雷格山去世。在他逝世前四天，回忆录刚刚由他支撑着病体完成了最后一遍清样校对。

格兰特将军的回忆录真实地描绘了美国历史

上最出色的一个人物的一生：如何从一个颇具冒险精神的少年，成长为西点军校的青年；如何从战场上叱咤风云的将军，转变为政局浮沉的美国总统；如何在华尔街投资失败，变为生活陷入困窘局面的普通人。《格兰特将军回忆录》堪称美国总统亲自写的最卓越的文学作品，被评为影响美国历史的50本书之一。

曾经有一种流言流传甚广，说格兰特将军的回忆录是马克·吐温代笔。但马克·吐温坚决驳斥了这种说法，他多次公开说，将军是一位写作技巧高超、文字精准的作家，而他的回忆录，则是自恺撒（《高卢战记》）以来，最经典的一部将军回忆录。

当年9月，《格兰特将军回忆录》付印。回忆录分为上、下两册，大八开本。装潢分为三类，最便宜的是布面平装本，售价是9美元，还有更贵一些的精装本，以及2000套定制用于收藏的木纹小牛皮精装本，每套的售价高达25美元。

12月10日，《格兰特将军回忆录》公开发行。正如马克·吐温之前所预测的，这本书卖出了30万套，也就是60万本。马克·吐温如约付给将军的遗孀45万美元稿酬，这笔巨款让他的妻子和孩子从此免于贫困。这是马克·吐温与格兰特将军最后的交往。

投资失败与东山再起

让我们陷入困境的不是无知，而是我们以为自己无所不知。

——马克·吐温

然而，具有讽刺意味的是，尽管出版了《格兰特将军回忆录》这部巨著，马克·吐温的出版公司却面临破产的危机。

马克·吐温曾经坦承自己渴望为家人创造富足的生活，也着迷于当成功企业家的兴奋和满足感。然而，马克·吐温在投资理财方面的才能远远不如他的文学创作。马克·吐温后来说："不幸的是，比起运用已然拥有的十五种天赋去赢得赞誉，我们总是更加迫切地追求自己不具备的才能，以求卓越出众。人的本性就是成为我们不可能成为的人。"①

①[美]弗瑞德·卡普兰著，王铮译:《在咖啡馆遇见马克吐温》，第55页。

马克·吐温因写作成名之后，演讲收入、版税收入都非常可观，他也因此积累了不少财富。马克·吐温是个对世界上各种事物都充满好奇而且乐于尝试的人，因此，很多朋友找到他，请求马克·吐温投资他们的发明。

马克·吐温对技术革新具有极大的热情，如果他认为某项发明可能改变未来，他就乐于从兜里掏出钱去支持。他曾经为一位老朋友的一项专利在几年时间里连续投入了累计 42000 美元，却没有一分回报。但出于对朋友的信任，他还投资了这位朋友的另一项专利，花了 10000 美元，仍然没有什么回报。他还投资给一个号称能把煤燃烧的热量转化为蒸汽的公司，花了 32000 元，还是一无所获。

在马克·吐温纪念馆陈列着一张照片，上面是一台佩奇排版机，它不过是人类历史上众多不成功的发明之一，却几乎吞噬了马克·吐温全部的财富。马克·吐温年轻时做过多年排字工，一生中的大部分时间都在和文字打交道，所以对于这种新型排版机充满超出常人的狂热。1881 年，他开始投资佩奇排版机。1886 年秋天，他斥巨资买下排字机公司一半的股票，答应承担房屋建筑、机器制造及销售的全部费用。尽管几年来这种排版机根本就没卖出几台，但马克·吐温还是坚持认为只要继续研究完善总会取得成功，所以他不断追加投资。1889 年，他取得佩奇排字机公司的全部股权，先支付 16 万美元，以后 17 年中每年支付 25000 美元。

19 世纪 80－90 年代，马克·吐温为这些不成功的技术专利投进了巨额资金，相当于今天的 1000 多万美元，却血本无归。

马克·吐温自己还有两项成功的发明，其中一种是自黏式剪贴簿。他把这项专利卖给了一个老朋友的公司，不过在他拿到自己的收益之前，老朋友向他借了 5000 美元，然后，公司就破产了。他还有两个朋友一起办了一家保险公司，说服马克·吐温成为公司董事——在他投资了 23000 美元以后，这个公司维持了一年半，也宣告破产。

在屡屡投资失败，或者说上当以后，马克·吐温终于学会了谨慎。所以，有一天，当一位年轻人向他介绍一种新的发明时，马克·吐温拒绝了。

那位年轻人推荐的是一种全新的东西，叫作

“电话”，他恳切希望马克·吐温能买一点相关股票。马克·吐温告诉他，自己再也不打算涉足任何冒险的投机事业了。

年轻人急切地坚持说：“先生，每股只要 25 美元。您可以只买 500 元的股票。看，我已经数好了放在这顶礼帽里——一帽子的股票只要 500 美元！”

马克·吐温抵制住了诱惑，他随身就带着一张支票，但他没有买哪怕一股这个叫作“电话”的股票。第二天，他倒是毫不犹豫地借了 5000 美元给自己的一个朋友，而且没有要担保，结果那个朋友一天以后就破产了。5000 美元本可以买 10 礼帽的股票呢。

而那位推销股票的年轻人，后来卖了几礼帽的股票给一个退了休的老纺织工，他穿着破旧的衣裳，从怀里掏出一个包得严严实实的包裹，里面是自己这辈子全部的积蓄。他咬着牙把包裹递给了年轻人，拿回了几捆前途未卜的股票。

1878 年初，马克·吐温家安装了一条从家里到报社的电话线路。这是全世界第一条私人电话线，也是当时市内唯一一条电话线。

再后来，电话的发展改变了所有人的生活。

不久以后，马克·吐温看到了那位退休的老纺织工，他一改以往穷困潦倒的样子，坐在一辆奢华的四轮马车上，仆人前呼后拥，据说他家的钱多得要用铁锹来铲。

马克·吐温错过了送到眼前的好机会，换作别人恐怕早就气得捶胸顿足了，但他仍然风趣地写道："这世界真是奇怪！无知的人、没有经验的人，往往能得到本不该有的成功，而有知识有经验的人，往往会失败。"① 这是他对自己无数次投资失败，却放过了最有价值的机会的自嘲罢了。

马克·吐温的出版公司 1884 年成立，由他的侄女婿韦伯斯特打理，因此叫作韦伯斯特出版公司。这家公司规模不小，在全国有 16 个代理机构，雇用了若干推销员。很多人都把马克·吐温视为这家公司的旗帜，有书要出版时会先找到马克·吐温。也就是说，本来这家出版公司是具有很大的机会在出版业获得成功的。

马克·吐温的出版公司经营多年，一共出版了两部畅销书，第一部是他自己的《哈克贝利·

---

①[美]查尔斯·奈德编，朱攸若译：《马克·吐温自传》，第 242 页。

费恩历险记》，第二部就是《格兰特将军回忆录》。正如马克·吐温估计的那样，回忆录为公司赚到了十几万美元的利润。

可是，马克·吐温认为韦伯斯特水平有限，尤其在《格兰特将军回忆录》出版后，他的骄傲更是有些膨胀。马克·吐温曾经用一个比喻形容韦伯斯特对自己的高估：

> 所有的出版商都是哥伦布，成功的作家便是他们的美洲。他们也跟哥伦布一样，没有发现他们想要发现的东西，准确地说，是没有发现他们出发时想要发现的东西。但他们并不因此而烦恼，他们只记得他们发现了美洲，忘记了他们出发的目的是想要发现印度的某一片土地或者某一个角落。

最后，马克·吐温辞退了韦伯斯特，自己面对一个奄奄一息的公司。

其实，由于一次不成功的出版，公司已经处于困境，而之前又以马克·吐温的名义在银行做了大笔贷款，现在公司面临破产，银行也上门讨债。马克·吐温这才发现问题的严重性。

韦伯斯特出版公司倒闭的时候，公司欠马

克·吐温60000美元，欠克莱门斯太太65000美元。此外，还有多达96个债主，手里都拿着借条上公司讨债。马克·吐温在法律上并不需要承担对这些债主的还债义务，但他认为自己在道义上应该负责。因为马克·吐温是一个文人，而在他看来，名誉就是生命。马克·吐温很欣赏自己的外甥在和自己环球旅行的时候说过的一句话：

“荣誉不是法令所能约束得了的。”

当时正值经济大萧条，马克·吐温不可能从朋友那里借到这么多钱，于是打算抵押掉他的房产，包括地皮和家具。他的房产价值167000美元，可银行也处在困难时期，不愿意收进一所房子而借出真金白银。马克·吐温没有了收入，全部积蓄只剩9000美元，一家人陷入了困境。

尽管生活已经捉襟见肘，马克·吐温和太太仍然坚持要自己清偿那96位债权人的债务。克莱门斯太太表现出了巨大的勇气和坚定。

“这所属于我们的房子，应该拿去抵债，我们可以把它卖掉，把钱分给那96个人。”

“不行，卖了房子，我们一家人生活在哪里？我可以把我所有的藏书卖掉，应该也是个不小的数字。”

“书的确是需要卖掉的，房子也要卖掉，我们要想尽一切办法。你还可以工作，只要人还在，我们就要努力赚钱偿还债务。”克莱门斯太太声音虽然温柔，却有着不容置疑的坚定。“亲爱的，不用害怕，我们共同面对。欠下的每一块钱，我们都会还上一百分！”

马克·吐温经过再三考虑，决定还是用自己最擅长的——演讲和写作——来赚钱还债。他开始认真地和妻子商量环球演讲的计划。

“亲爱的，我考虑了很久，可能最快的赚钱办法是我重新回到讲台。但待在一个地方肯定是不行的，我需要去很多地方。”马克·吐温看着妻子，郑重地说。

克莱门斯太太眼里闪烁着光芒：“哦，年轻人，你跟我想得一模一样！我们来做一个环球演讲吧。而且，我当然会跟你一起去。”

马克·吐温声音低沉了下去：“但是，你身体不好，跟我东奔西走实在是太辛苦了。”

“没有关系的，我会照顾好自己。好在孩子们都大了，克拉拉可以和我们一起去。”

“你觉得我们会离家多久？”马克·吐温望着身边温暖的壁炉，想到之后的几年可能要在船舱和马车上度过，心里充满对妻子的愧疚。

克莱门斯太太拿过纸笔，认真地计算了片刻："我觉得大概4年的时间差不多。"

第二天，马克·吐温来到自己的经纪人罗杰斯先生的办公室，谈起这个计划。罗杰斯先生眼中露出掩饰不住的惊异，说："4年？我想，你可能想得有点简单……我们还是保守一点，嗯，7年怎么样？"

马克·吐温后来在办公室外无意间听到了另外两个人的对话：

"克莱门斯刚刚来过，想重新出马靠演讲来抵债？他多大年纪了？"

"58岁。"

"58岁破产的人，百分之九十五是翻不了身的。"

"百分之九十五？不不不，应该是百分之九十八更准确一些。"

这对话让马克·吐温深为震动，但他不是一个轻言放弃的人。他不仅没有取消自己的计划，反而坚定了自己尽早出发的决心。

1895年7月15日，马克·吐温偕妻子、女儿克拉拉出发了，开始环球演讲旅行。他以前的演讲代理人庞德少校为他安排了一年的巡回演出计划。

他们起初乘火车一路西行，马克·吐温每天晚上都在当地发表演讲。他们到了桑维奇群岛，10 月又到了澳大利亚的悉尼，随后是新西兰、印度的孟买、南非。

之所以马克·吐温把这段旅程称为“赤道环游”，是因为他们一直在热带国家游历，而且简直就是追着太阳走，一直在过夏天。他们在美国境内正是森林地带的酷暑，连续 5 个月的漫长夏天之后，他们到了悉尼，却正逢那里的盛夏。离开墨尔本的时候是夏天，而到达锡兰的时候还是夏天。到孟买的时候虽说当地人认为是冬季，但在马克·吐温看来气温高得不像话。3 月，一位英国医生提醒马克·吐温全家要尽快离开印度，因为“冷季”即将过去，“热季”就要到来，那可是他们绝对受不了的。就这样，他们在当地人所谓的“冷季”里，汗流浃背地赶往加尔各答，搭船去了南非。

克莱门斯太太身体一向不好，却经受住了酷热、旅途颠簸、水土不服等等考验，以坚强的毅力支撑下来，自己没有病倒，还可以照顾马克·吐温的生活。

13 个月后，马克·吐温回来，写了一本书叫《赤道环游记》，销量相当不错。

1898 年末，就是当初那两个人预言马克·吐温不可能翻身的 3 年后，罗杰斯先生从维也纳拍了一份电报给马克·吐温。

马克·吐温把电报拿给妻子，克莱门斯太太用手抚摸着电报上的每个字，热泪盈眶。

电文：所有债主的钱已如数还清。尚余一万八千五百元，如何处置，请告。

痛失妻子与爱女

皱纹应该只是微笑留下的印记。

——马克·吐温

1896 年 8 月 18 日，马克·吐温永远地失去了苏西——当年那个为爸爸写自传的小女孩。她年轻的生命在 24 岁 5 个月时戛然而止。

那正好是环球旅行整一年以后，1896 年 8 月，克莱门斯夫妇和女儿克拉拉刚到英国，在吉尔斯德住下，等待苏西、凯蒂、简前来会合。然而，先来的却是一封电报，上面只有几个字：“苏西稍感不适，并无大碍。”

马克·吐温隐约感到，如果真是稍感不适，是没必要特意发一封电报来的，他立刻回了一封电报询问情况，但一直没有回音。克莱门斯太太万分焦虑，叫克拉拉立刻收拾行装，准备随时可以返回美国。

终于电报到了，写着："等明晨电。"这让大家更为揪心。马克·吐温直接跑到邮局，一直等到半夜，直到邮局关门也没有等到新的电报。

这一晚全家人彻夜未眠，第二天坐最早一班车到了南安普顿，电报发到了这里。说苏西需要很长时间才可以恢复，但应该没有太大问题。马克·吐温松了一口气，但克莱门斯太太还是决定带着克拉拉立即穿越大西洋，返回美国看望苏西。

1896 年 8 月 18 日，妻子和女儿返程 3 天以后，马克·吐温站在餐台前，心里突然空落落的。这时，门外有人送来一份电报。马克·吐温拆开，上面只有六个字：

苏西今天病逝。

这如同一个晴天霹雳砸在马克·吐温的头上，他完全被击倒了，不能思考，不能呼吸，感觉到一片茫然。

马克·吐温后来写道：

> 一个人的房子被烧掉了，废墟里、余烬中升起的残烟，只能代表一个被毁掉的可爱的家，一个曾经度过多少个欢乐的日日夜夜的家。然后，日子一天天过去，他会想起这个，想起那个，还有另一个。那另一个以前一直是在这房子里的，是不可或缺的——是唯一的一件，是不能替代的。本来在那房子里，如今却永远丢失了。东西还在的时候，他意识不到自己少不了它，如今他发现，由于它不在，他自己变得手足无措起来，这才意识到它是不能没有的。要经过许多年，这种认识的过程才会完成，在此之前，自己的灾难有多大，他是无法真正领会到的。[1]

此时，克莱门斯太太和克拉拉还在大西洋上，一无所知。

等她们的船终于抵达美国，亲友们已经在码

---

①[美]查尔斯·奈德编，朱攸若译：《马克·吐温自传》，第291页。

头等待，他们已经事先商量好由谁来对克莱门斯太太说出这个难以开口的噩耗，并多次设计该如何措辞。

亲友们看到克拉拉一个人出现在甲板上，克莱门斯太太没有从船舱出来。

当克拉拉再次返回头等舱时，她什么都还没有说，她的妈妈嘴里就轻轻吐出五个字：“苏西不在了。”

苏西患了凶险的脑膜炎，就在克莱门斯太太和克拉拉登上返程的轮船时，苏西的病情突然恶化。在她生命最后的日子里，她住在哈特福德自己的家里，那是她童年时代的家，是世界上她最爱的地方。陪伴她走过生命最后一段的，有她的叔叔、婶婶、妹妹简、她从一出生就认识的牧师特威切尔、从她 8 岁就来家里做事的女佣凯蒂、车夫帕特里克、多年和全家朝夕相处的约翰和艾伦。这些她爱的人，紧紧守护在她的身边。

在苏西的最后一天，她发起高烧，双眼也看不见东西了，神智也不太清醒。她下午一点钟说了最后一句话。苏西用手摸索到凯蒂的脸，以为是自己的妈妈，于是叫了一声“妈妈”。

这是苏西留下的最后一句话。

马克·吐温远在大西洋的另一边，他上次离开的时候，苏西挥手向爸爸告别，而当他再回来时，苏西已经长眠不醒。

马克·吐温在泪水中仿佛重新看到了女儿的面容，仿佛自己也和苏西在一起……

在那绝望的时刻，在死神的阴影朝她逼近的时候，上苍还赐予她以美妙的梦幻——这最后的幻影，是从她心灵深处迷蒙的镜像所映照出来的她妈妈的幻影。这是她生命中最后一次情感的激发，从她妈妈的幻影中激发起生命的喜悦和宁静。

大约两点钟左右，她仿佛熟睡般神态安详，从此再没有动弹。她在没有意识中又过了两天五小时。到星期二晚上七点七分，她才最后解脱。她才二十四岁零五个月大。

23日那天，她妈妈和两个姐妹看着她入殓——她，是我们最珍爱、我们最引以为傲的。[1]

---

①[美]查尔斯·奈德编，朱攸若译：《马克·吐温自传》，第293页。

安葬了苏西之后，马克·吐温的家人都去了英国，在那里再度相聚。他们在伦敦小住，然后又去了瑞士、维也纳、瑞典，又返回伦敦，似乎要靠旅途奔波来排解丧女之痛，1900 年 10 月才最终回到美国。

马克·吐温和家人在第五大街西十号街十四号住了一年。这间房子比以往住过的还要大一点，有多个卧室，还有宽敞的起居室和饭厅。然而克莱门斯太太和以前一样，不肯雇佣人来帮助打扫，总是亲力亲为，每天花好几个小时做家务。一方面，她喜欢像个传统的女主人那样，每天早起，亲自把屋子打扫得一尘不染，为丈夫和孩子准备可口的早餐；另一方面，她总是不喜欢使唤别人，尽管以家里的财力雇个佣人是轻而易举的。

回到美国以后，虽然没有了旅途颠簸，但朋友来往和商务应酬也增多了，几乎每天都有人上门拜访，来自世界各地的、熟人和陌生人写的信件更是雪片一样飞来。马克·吐温和他的秘书每天都要回很多信件，经常不得不工作到很晚。克莱门斯太太看着丈夫辛苦，便给自己也增加了新的任务。她经常把寄给丈夫的信件分走一些到自己房间，替丈夫写好回信发出去。

圣诞节前，正是美国人传统的互相写信寄卡片问候的时节。马克·吐温从下午到晚上，亲笔写了一大沓回信，数了数足有 32 封。他搁下笔，站起身活动一下酸痛的筋骨，却无意间发现妻子还在房间的角落里写着什么。他悄悄走到妻子身后探头一看，原来妻子也在奋笔疾书，娟秀的字体写满了信笺。马克·吐温心疼地拿起妻子写完的信件一数，竟然也有 32 封。

相比这样的操劳，之前九年半在欧洲游历的日子反而可以说是轻松宁静的了。克莱门斯太太随马克·吐温回到美国之后仅仅半年，身体情况便开始走下坡路。由于长期得不到充分休息，精神又处于高度紧张状态，她开始严重失眠。医生警告说这是神经衰弱的迹象，叮嘱她要减轻负担，尽量多多休养。

6 月底，马克·吐温带着克莱门斯太太、克拉拉还有简乘汽艇出游，结果旅途的劳累和颠簸让克莱门斯太太的心脏问题更加严重。

8 月初，在约克港举行了一次大型活动，庆祝美洲大陆城市自治 250 周年。这次活动持续了 3 天之久，游行、演讲、烟火表演，从早到晚热闹非凡。克莱门斯太太对于这样的活动有着浓厚的兴趣，3 天里一直跟随着马克·吐温四处参加集会，不知不觉已经把自己最后的精力消耗殆尽。

1902 年 8 月 11 日，马克·吐温在蒙眬中被一声喊叫惊醒。他的妻子——克莱门斯太太，没有躺在他的身边，她柔弱的身体斜靠在房间的墙壁上，手无力地贴着墙壁似乎要抓住什么。她的头低垂着，胸脯起伏，急促地呼吸，用最后一点力气抬起眼睛，绝望地看着自己的丈夫，说：

“我要死了。”

马克·吐温从床上跳起来，把克莱门斯太太抱回床上，一边安抚她，一边叫人从纽约找来最好的医生。医生诊断说她是严重的神经衰弱，需要绝对地静养休息和精心护理。

马克·吐温决定立刻启程回家。他放弃了快艇，因为妻子受不了那速度和风浪中的颠簸。他包下了火车的一节，改装成病人专用的车厢，用有弹性的绳索把病床吊在空中，这样，列车的颠簸会被最大限度地减轻，病人将几乎不会感到震动。同时，宽敞的车厢也可以容纳所有家人在身边照顾妻子。

10 月，马克·吐温一家回到了河谷街的住所，克莱门斯太太被送进了楼上单独的卧室，躺在舒适的床铺上。马克·吐温坐在床边，拉着她苍白细软的手指。克莱门斯太太看着丈夫，轻轻翕动嘴唇，说了一声“回家了”，露出安详的神情。马克·吐温放下窗帘，站起身，悄悄关上门。就在那一刻，克莱门斯太太的世界从此和外面的真实世界就隔绝开了，在之后的 22 个月里一直是这样。

每天，莫法特医生会来家里两次，检查克莱门斯太太的基本情况，并对她叮嘱一番医生的意见。专业的护士时刻陪伴在克莱门斯太太的身边。

马克·吐温——她最亲密的人，每天只被允许进入卧室一次，每次两分钟，时间一到，护士就会把他轰出去。但马克·吐温其实就住在妻子隔壁的房间，中间只隔着一间浴室。每天，马克·吐温会给妻子写一封信，塞进浴室通向妻子房间的那扇门的门缝下面。两个人用这种方式继续着他们的交流。

开始，克莱门斯太太还能勉强写不少字。后来，她的体力渐渐不支，每天只能歪歪扭扭写几个字，只是一些片言只语的应答。但她用这种方

式表达着自己的爱，直到生命的最后一刻。

在克莱门斯太太卧病在床的两年里，只有女儿克拉拉被允许每天进入她的房间，陪妈妈待三四个钟头，由她来给妈妈讲述一些家里的、外面的事情。之所以选择克拉拉当然是有原因的。由于克莱门斯太太的身体绝对不能承受半点焦虑紧张的情绪，她房间以外发生的所有事情都需要经过克拉拉过滤，克拉拉需要编造一个又一个善意的谎言，为母亲营造出一个祥和安乐的外部世界。而克拉拉一向是妈妈心中最乖巧听话的女儿，从来不说半句谎言。这样，她说的所有话，克莱门斯太太都会无条件地相信。

克拉拉的哄骗手段当然也只有在全家人的配合下才可能完成，虽然马克·吐温不被允许进入病房，但他却在外面忠实地帮助克拉拉编写她的谎话的草稿，以此安抚他深爱的妻子。

在一个新年前夕，那是 12 月 31 日的下午，家家户户都在等待着庆祝新年，但马克·吐温家里却没有太多欢乐的气氛，他独自坐在妻子门前的椅子上，倾听着里面模糊的对话声。克拉拉正和妈妈交谈。几分钟后，克拉拉拉开门出来，和父亲一起走到门厅站定，她的脸上浮着焦虑悲伤的表情：

“妈妈今天情况不太好，大夫说昨天那次长达一个小时的呼吸困难差点让她窒息。她今天心情一直非常不好，她怕自己最后会在这种极度痛苦的窒息中死去。”

“那你有没有讲一些有趣的事情分散一下她的注意力呢？”

“是啊，我特意编造说，简去纽约看戏了。妈妈听了确实高兴了一点，但她立刻问我是哪一部戏，我一下想不起现在正演的戏剧的名字，只好说简没有提起戏的名字。妈妈没有再追问，却问我爸爸您是不是明天晚上要和我们一起去。看着妈妈期待的目光，我还能说什么呢，我只有说，您会跟我们一起去的。爸爸，之前别人邀请您去看戏的票我已经退回去了，现在简躺在病床上当然不可能去看什么戏。但后天妈妈一定会问我，咱们三个人看的戏怎么样，您可一定得帮我编一编啊。”

马克·吐温拉过女儿，坐在沙发上。

“不要紧张，我们一起来想怎么回复你妈妈吧。我知道你妈妈最喜欢的是我那部给青少年写的戏剧《死亡圣饼》，如果我们去看的是这部戏，你妈妈应该很高兴。”

“太好了，妈妈喜欢哪部，我们就假装去看了哪部。可是爸爸，那是你3年前写的剧本了，你还记得吗？”

“我想你妈妈没准比我记得更清楚。不过没关系，我太了解你妈妈了，我知道她关心什么，会提出哪些问题。你先告诉她去的人都有谁，除了我们三个人，必须还有道奇家的几个年轻人，这样我们才可以坐满那个包厢。每次去看戏，剧院经理都给咱们家预留一个大包厢，如果坐不满，你妈妈会觉得不好意思，所以你一定要告诉妈妈我们去的人很多。”

“嗯，知道了爸爸。”

“关于这部戏，你先简单介绍一下布景、戏中人物穿的服装，让你妈妈觉得好像自己就在现场一样。你妈妈对伦敦塔情有独钟，所以你要是不提到伦敦塔，她一定不会满意，你就使劲夸奖那塔在舞台上多么真实自然好了。万一实在说不下去了，你就感叹：‘哦，伦敦塔，那可是伦敦塔呀！’你信不信，你妈妈会自动补充上你描述不出来的那些细节的。然后讲讲你对几个主要人物的感受：老护国公直率优秀，小女孩天真大胆，那对父母悲惨可怜。一定要讲得好像你真的刚看过这部戏一样。”

“好的，我记住了。”

“以我对你妈妈的了解，她八成会提到小女孩爬上克伦威尔膝盖的那个细节。当初她第一次读这个剧本的时候，非常欣赏这个情节。这时你一定要打断她的话，说：‘哦，妈妈，你讲得简直就像亲眼看到了这个场面。’你的妈妈会接着说：‘当那孩子把红圣饼放在她爸爸手上的时候……’这时你妈妈可能说不下去，3 年前她看到剧本中这个片段的时候，忍不住流下了眼泪。这时你要插嘴说：‘哦，妈妈，太可怜了，当时全场的观众都哭起来了。’这会令你妈妈非常信服。”

“妈妈会问起演员表演得怎么样吗？”

“会的。让我想想她会问哪个部分……对了，当年我设计了一个细节，你妈妈觉得非常感人，但又担心找不到合适的小演员来演，为此和我讨论了好几次。对，就是这个。你妈妈一定会问：‘当那孩子奔向克伦威尔，把他拉出来，还蹬着脚的时候，她演得像吗？’你就要斩钉截铁地告诉她：‘演得像极了！难以置信这个小演员年龄不大，居然演得这么好！全场观众都鼓起掌来。

妈妈你真该去看看，太精彩了！’嗯，就这么说。”

克拉拉把爸爸教的每句话都牢牢记在了心里。

两天以后，当克拉拉走进母亲的房间，对她讲述起那场戏剧的时候，马克·吐温听到屋里传出了这个世界上最悦耳的笑声。

只有最深切的爱和最透彻的了解，才能编造出如此天衣无缝的美丽的谎言。

克莱门斯太太在床上待了 22 个月，尽管马克·吐温一家一直为她忧心忡忡，但始终没有放弃希望，包括克莱门斯太太自己。她自幼多病，早在 12 年以前，就有医生言之凿凿地预言她只能再活一年，但她一次次死里逃生，显示了顽强的生命力。

过了新年以后，马克·吐温请人帮助找一处别墅，他认为，如果能让妻子换个环境，或许精神和身体都会有起色。为此他把妻子的需求放在所有条件里最优先的位置，别人推荐了几处地方，尽管在外人看来非常完美，但哪怕有一点不合乎克莱门斯太太的喜好，马克·吐温都坚持拒绝了。

1904 年 5 月，克莱门斯太太的身体每况愈下，精神也越来越消沉。一次，当马克·吐温去探望她的时候，发现她眼中完全没有了神采，只有浓浓的悲伤与不舍。她轻声问丈夫："你看我会好起来吗?"那绝望的语气是之前从未有过的。马克·吐温伤心之下，更加催促寻找新别墅的工作尽快进行。

6月4日，星期六，马克·吐温得到消息，有一处别墅完全符合他们所有的要求。他立即和简策马前往，果然非常理想，30000美元即可买下来。马克·吐温非常高兴，他站在别墅门前，仿佛看到了妻子重新站立起来，走出大门，像以往一样迎接自己回家。

回到家里，马克·吐温迫不及待地守在妻子门前，等待七点整的探视时间的到来。他在七点钟将拥有15分钟和妻子说话的时间。当时钟敲响七下，马克·吐温便迫不及待地推门进去，看到克莱门斯太太虚弱地躺在床上，脸色像大理石一样惨白。马克·吐温走到床边，把新别墅的平面图展开在妻子眼前。克莱门斯太太的眼睛里终于流露出希望的光芒，她期待地抬手摸了摸新家的图纸。马克·吐温兴奋地说："如果你愿意，我们明天就去交钱把它买下来。如果你身体允许，我们马上就搬进去住。"克莱门斯太太露出了欣慰的笑容，在马克·吐温看来，几个月以来，妻子从来没有这么容光焕发过。

1904 年 6 月 5 日，星期天，由于刚刚选定了新别墅，全家人心情都很愉快，克拉拉甚至认为妈妈的状态是三个月来最好的一天。晚饭时，马克·吐温违反了通常的探视规定，在妻子房间待了足足半个小时。克莱门斯太太看上去精神焕发，尽管医生不让她多说话，但她那天显得格外健谈，问到了所有她认识的人，还提到了一间她从来没去过的新房子，表示自己以后会去度假。

直到马克·吐温意识到自己已经待了太久，妻子已经显出疲惫，他赶紧自责地想要离开。妻子平静地笑着说："不碍事。你晚上会再来和我道晚安的对吧？"

"是的，我九点会准时来的。"马克·吐温在门口伫立，给了妻子一个飞吻。妻子回报以一吻，看上去脸色明媚动人。

马克·吐温走到钢琴旁，这是家里的一架老钢琴，以前他经常自弹自唱一首古怪的黑人赞美诗。但只有苏西和妻子会静静地聆听。自从 8 年前失去了苏西以后，马克·吐温每当看到这架钢琴，都仿佛看见苏西默默地站在钢琴旁边，听自己弹那首赞美诗，而她的妈妈，则在一旁安静地微笑，哼唱着同样的曲调。而这场景让他心如刀绞。8 年来，马克·吐温再也没有打开过这架钢琴的琴盖。苏西的离世对克莱门斯太太也是巨大的打击，她再也不会哼唱起那段乐曲了。

此刻，马克·吐温突然被一种热情激动起来，他打开琴盖，手指在黑白键上跳动，那熟悉的旋律重新在屋里奏响。他发现自己忘记了一些歌词，但他一遍又一遍弹着，歌词也越来越完整，最后他终于可以唱出所有的歌词，可以和以前一样唱出："我主召唤我！主拿雷声召唤我！"简悄悄走来，坐在钢琴旁边，然后又被人叫走了。

马克·吐温忘我地弹奏着，直到九点一刻，他知道该去和妻子道晚安了。走在去妻子房间的路上，他想一会儿对妻子说："亲爱的，简夸我唱得比上次好。"不，不，他立刻又否定了这句话，不能提"上次"，这会让妻子想到 8 年前，苏西总是毫不吝惜地夸奖爸爸的弹唱，想到苏西会让她睡不着觉的。

但他没有想到的是，妻子已经睡着了，永远地睡着了。

莉薇坐在床上，头朝前倾——她已有七

个月不能躺下了——凯蒂坐在床边，护士坐在另一边，扶着她。克拉拉和简靠床脚站着，茫然不知所措。我走过去，俯下身来，看着莉薇的脸，我好像跟她说了话，我不知道到底说了没有。可是她没有跟我说话，这似乎很奇怪，我不明白为什么。我一直瞅着她，心里在纳闷——根本没想到会有什么事！这时克拉拉说："是真的吗？凯蒂，真的是这样吗？这不可能是真的。"凯蒂啜泣起来，这时我终于明白过来了。[1]

在妻子去世两个小时以后，马克·吐温写下了下面的话：

话语已经失去了意义。那是事实，我知道，但我意识不到。她是我的生命，现在她去了；她是我的财富，如今我一贫如洗了。

马克·吐温久久凝视着自己的爱人："在意大利最后的日子里，死亡使她甜美的脸上恢复了逝去的青春。她静静地躺着，美丽而优雅，看上去就像

---

[1] [美]查尔斯·奈德编，朱攸若译：《马克·吐温自传》，第 322—323 页。

当年少女时代和做新娘的时候一样动人。”[1] 人们本想把戒指从克莱门斯太太的手上取下，留给她的孩子们，但马克·吐温阻止了，他让这枚戒指永远伴随着她。

与哈雷彗星同去

先是怕生，后才怕死。完全活过的人，随时都准备死。

——马克·吐温

妻子去世以后，马克·吐温结束了长达 12 年的漂泊生活，回到美国。在自己的晚年时期，尽管年事已高，马克·吐温却迸发出像年轻人一样旺盛的精力和热情。而且，他深知，自己比年轻时多拥有了一样东西，那就是影响力。作为公众人物，他经常对社会事件发表演讲，也积极参与慈善活动。他的照片经常出现在各大报纸杂志的封面。马克·吐温还出访欧洲，与其他世界级的文学大师会面切磋。

有些评论家，譬如卡尔·凡度伦、佛·维·

①[美]查尔斯·奈德编，朱攸若译：《马克·吐温自传》，第 192 页。

勃洛克斯等曾经提出，马克·吐温在 1897 年之后的作品中表现出一些悲观与幻灭情绪，这可能缘于破产的打击、旅行的疲劳、爱女的夭逝。但事实上，马克·吐温晚年时无论是在社会实践、文学创作与政治参与方面都更为深入和成熟，甚至可以说是一种飞跃。

1898 年，63 岁的马克·吐温成为“美国反帝国主义联盟”的领导人。1900 年，当八国联军镇压中国义和团运动的时候，马克·吐温慷慨陈词，说“我也是义和团”。

1906 年，马克·吐温接待了文学家高尔基和作曲家尼古拉·柴可夫斯基，他们的交流产生出火山喷发一样的激情，他们共同坚信沙皇独裁政权终将被推翻。同时，马克·吐温撰文反思和呼吁人们反省美国被金钱侵蚀的道德、虚假伪善的信仰、富人之间冷漠的人际关系，痛心于有些人胸膛里跳动的心脏变成了石头。马克·吐温还积极参加盲人的维权活动，在纽约的大会上为盲人发表了演讲，为盲人争取了可观的捐赠。著名盲人女性作家海伦·凯勒激动地给他写信说：

> 您曾经告诉我，您是悲观主义者，但是伟大的人物通常会看错自己。您是一位乐观

主义者，如果您不乐观的话，也不会主持这次大会。这就是对悲观主义的回答，宣告这座大都市的心灵和智慧都献给了人民的利益，在这座世界上最繁忙的城市里，再也听不到悲伤不幸的哭泣，而是得到仁慈慷慨的回答。

你真诚的海伦·凯勒

1906 年 3 月 27 日[①]

同时，1904—1909 年，马克·吐温开始撰写和口述自己的自传，这是这位文学巨人最后、也是最厚的一部著作。他要求这部自传必须在自己死后一百年才能出版。马克·吐温很满意自己给序言起了一个震撼的题目“来自坟墓里的告白”，他在序言中这样写道：

在这本自传出版的时候，我已经离开人世。因此我会随时记住，我是在坟墓里向读者讲述我的一切。我是实实在在地要从坟墓里来讲述，而不是现身说法，因为只有这

①[美]马克·吐温著，哈里特·埃利诺·史密斯编，孟洁冰、申生译：《马克·吐温自传第一卷》(授权完整版)，第 483 页。

样，我才能无所顾虑……对我来说，只有在我清楚地知道，在我活着的时候，我写的东西不会被任何人看到，我才能够像写情书那样，轻松自如、自由自在地坦陈我的内心。[①]

这部传记的写作也打破了以往的陈规，它不是按照时间顺序的陈述，而是以作者思考人生的方式为唯一逻辑。马克·吐温随时记下了自己记忆中的那些片段，他在一张凌乱的大床上口述了自己传记的很多内容，将来读者读的时候，就如同在那张床边，倾听他亲口讲述那些故事。

《北美评论》说："在他的自传中，我们可以看到他真实纯粹、毫不掩饰的情感……这是我们从没见过的异常有趣的关于人生的故事。"[②]

马克·吐温不管有多忙，地位有多高，在家里他永远是慈祥的父亲。他和女儿克拉拉还有简生活在一起，享受着不比从前热闹，但仍然温馨美好的家庭时光。

---

①[美]查尔斯·奈德编，朱攸若译:《马克·吐温自传》，第10页。

②[美]马克·吐温著，哈里特·埃利诺·史密斯编，孟洁冰、申生译:《马克·吐温自传第一卷》(授权完整版)，第60页。

1909 年底，马克·吐温去百慕大度假一个月，那里的气候和环境非常宜人，但他还是在圣诞前赶回家中，准备和女儿一起过圣诞。

可惜，在他回到纽约的时候，二女儿克拉拉和丈夫两星期前离开美国，去欧洲定居了，这让家里显得有些冷清。

克拉拉从小渴望成为一名钢琴师，为此全家还曾去维也纳寻访名师。1898 年，她又转行做了歌唱演员。在 1905 年父母的环球旅行中，她是唯一陪伴他们的女儿。母亲去世后，她因悲伤不愿留在家中，四处举行独唱音乐会。1909 年，克拉拉嫁给了著名钢琴家加布里洛维奇，为马克·吐温生下了唯一的外孙女妮娜。克拉拉对金钱和财富没有很多欲望，在她 35 岁的时候，马克·吐温去世，她成为马克·吐温遗产的唯一继承人，但直到去世她也没有动用一分钱。克拉拉一生尽力维护父亲的公众形象，在 1962 年去世前，她把马克·吐温的私人文件捐赠给了加利福尼亚大学伯克利分校。

尽管克拉拉缺席了这个圣诞节，简却在家里等待着父亲。马克·吐温乘坐的轮船进港时，简在码头上迎接。尽管只有一个月没有见到爸爸，简还是兴奋地摇着手里的鲜花大声喊叫，冲过来一下子扑到爸爸的怀里。

进了家门，马克·吐温不禁眼前一亮，为了圣诞节的到来，家里收拾得一尘不染，灯具都擦得光可鉴人，客厅的沙发和长椅子不见了，通常放圣诞树的壁炉边的空地已经腾出了地方，但圣诞树还没立在那里。通向走廊的门紧紧关着，简顽皮地跳过去挡在那扇门前："爸爸，你答应我，不许进去看，我已经准备了好几天，保证明晚就可以全部完工，给你一个惊喜啦！"

作为马克·吐温的秘书，简负责处理爸爸每天的信件。她学过意大利语、法语和德语，可以用好几种语言替父亲读信和写回信。马克·吐温也学过德语，他能阅读德文书，但说得不太好。他曾经对采访者讲过一个自己的笑话：有一次，马克·吐温和一个朋友想谈一点私事，由于周围都是德国人，所以马克·吐温对朋友讲英语。但朋友阻止他说："你还是说德语吧，这里有人能听懂英语呢。"

然而简也和她的妈妈一样，从小身体就不好，她患有癫痫，每年都要发作一两次，医生警告她不能过于劳累，但她只求无私付出，却不顾会透支自己的身体。

平安夜的前一天，马克·吐温和简一起吃了凯蒂做的晚餐。她拿出纸牌，教爸爸一种新的玩法，叫作“马克·吐温玩法”，父女俩边玩边聊天到很晚。父女俩像平常一样，愉快地各自回屋睡觉去了。

第二天一早，马克·吐温刚醒来，凯蒂突然冲进屋子，情绪激动，肩膀剧烈地颤抖，站在床边半天才说出话来。

“简小姐死了。”

那一刻，马克·吐温体验到了士兵被子弹打穿心脏是什么样的感受。

早晨洗澡时，简突然癫痫发作，很快便导致心力衰竭，倒在地板上。尽管医生已经用最快的速度赶来了，但还是没能挽救她的生命。

几个小时以后，马克·吐温缓缓推开了那扇通向走廊的门，昨晚简顽皮地用身体挡住的、不许爸爸偷看的门。走廊里充满了浓浓的节日气氛，地板换上了新地毯，是圣诞专属的红色和绿色花纹，还有驯鹿角花纹在周边点缀。地毯边上是从客厅挪过来的椅子和长沙发，如果坐在这里看书，即使在冬日里也可以享受更多的阳光。地毯尽头，是一棵看上去比简还高的圣诞树，上面缀满了银色的装饰，仿佛落满了白雪，又被阳光照耀在上面而闪闪发光。靠近圣诞树的桌子上还有各种各样的小挂件，和她的妈妈一样，简喜欢亲手做每年的圣诞树挂饰，这样更加独一无二。

简的房间里堆满了大大小小的包装精美的圣诞礼物，这都是她这些天亲自跑到纽约，一件一件精心挑选回来的。桌子上的一张纸上写了一个长长的名单，足有 50 多个人名，每个人的名字后面都注明了他的喜好、他的礼物，甚至为他选什么样的包装纸。那些包裹着礼物的包装纸上，有圣诞老人、雪橇、驯鹿、雪人、星星、铃铛、饼干小人……这些欢快的符号散落在桌子上、椅子上、床上、地板上，有的礼物上已经系好了大大的蝴蝶结，有的还没有来得及系，用来打结的彩色绸带从桌子上垂下来，一动不动。

站在这些圣诞礼物面前，马克·吐温仿佛回到了很多年前的平安夜。他的妻子会在深夜悄悄拉他起身，走进婴儿房。那时，苏西、简还都是婴儿，在月光下安睡，偶尔咿呀呓语。婴儿房里也如现在一样堆满了礼物，都是妻子一件一件亲手准备和包装的。妻子会再度查看所有的礼物是否包装妥当，贴好标签。然后两个人会拉着手离开，满心期待圣诞节的来临。而今天已物是人非。

悲恸中，马克·吐温写下了感人至深的文字，深切怀念自己的女儿。

> ……我四处溜达，到了简的起居室。我在书架上看到一堆我写的书，我知道为什么她会把书放在这里。她是想等我从百慕大回来以后，签上名后再把它们寄出去。我要是知道她想把书寄给哪些人该多好，可是我永远不可能知道了。我要把这些书保存起来，经她抚摸过的书——就好比被授予了爵位——如今它们都是贵族了。①

两天后，马克·吐温把这篇文字交给了艾伯特·佩因，并告诉他："如果你认为有价值的话，不妨在适当的时候，把这一篇放在我自传的最后面，作为最后一章。"

在这篇文章发表的时候，皮尔逊杂志的评论这样写道：

---

①[美]查尔斯·奈德编，朱攸若译：《马克·吐温自传》，第335页。

> 这是老马克·吐温而非庄严的改革家和评论家的再度发言……我们看到他跪在他妻子和孩子的墓前，追忆她们的音容笑貌，然后我们忘记了这个世界上伟大的幽默家，只看到一个父亲、一个丈夫，以及一位真正的美国绅士。[1]

经历了亲人的离去之后，晚年的马克·吐温对于生死也有了超脱的看法，他曾经说过一句名言：“先是怕生，后才怕死。完全活过的人，随时都准备死。”在苏西和他的妻子离世以后，1905年，马克·吐温迎来了自己的70岁生日。这是一场盛大的寿宴，各界名流云集，马克·吐温在宴席上做了幽默的演讲，妙语连珠，现场笑声不断。据后来《哈珀周刊》的纪念特刊的文字记录显示，仅演讲开头500字，就被笑声打断了16次！在演讲最后，马克·吐温平静地说道：“过了70岁，艰难的生活已经结束，你就获得了解放。可以舒舒服服地在壁炉边抽着烟斗看看书，休息一下。你来到70号码头，心情舒畅地登

---

①[美]马克·吐温著，哈里特·埃利诺·史密斯编，孟洁冰、申生译：《马克·吐温自传第一卷》（授权完整版），第62页。

上停泊的游艇，认定自己的目标，心满意足地朝着夕阳驶去。”

年逾古稀的马克·吐温站在演讲台上，和他年轻时一样光彩照人。在用幽默的语句激起观众的笑声方面，他有着炉火纯青的技巧，他把控着演讲的节奏，收放自如，全场观众都被他的魅力牢牢吸引。马克·吐温不愧是世界上最伟大的演说家之一，而这卓越的演讲才能既是天赋，也是他在多次失败之后，在世界各地数不清的舞台之上磨炼出来的。70 岁的马克·吐温，面对所有人坦然回顾自己人生的历程，他的幽默比起年轻时更多了一些豁达超脱的意味。他仍然喜欢自嘲，和几十年前一样。但当年还是毛头小伙子的马克·吐温的自嘲，是在刻意制造滑稽效果，逗观众发笑。而今天的马克·吐温功成名就，白发苍苍，他的自嘲让人们看到了一位幽默而谦逊的智者，他的乐观精神感染着所有人。

1907 年，英国牛津大学授予马克·吐温荣誉文学博士学位，72 岁的马克·吐温赴伦敦接受了这一荣誉。而在这次英国之行中，他还去参观了议会，旁听议院辩论，欣赏外国使节的艺术收藏，拜访英国首相亨利·坎贝尔，发表关于世界局势的看法……当时的牛津大学校长纳撒尼尔说："马克·吐温对世界和平所做的贡献比海牙会议还多。他令世界再次笑了起来。"有人说，我们不能改变生命的长度，但可以改变生命的厚度。的确，时间对世界上每个人都是相对公平的，人类的寿命无非是那几十年，生命的长度是我们不能左右的。但是，不可否认，有的人却拥有比别人更厚重的生命，他有更丰富的人生经历，去过更多的地方，尝试过更多的生命体验。他在世时推动了社会的进步，帮助了更多的人，活得更有价值。而他离开以后，也为世界留下了更多的精神财富，能让人们在一百年后仍然敬佩于他的才华与人格魅力。

闭上眼睛，回顾马克·吐温的一生，不禁让人肃然起敬。

12 岁，你或许在读小学六年级，除了上学还要上几个课外班，课余时间喜欢看动画片和玩IPAD。你帮家里做家务的次数少得可怜，从没有自己进厨房为家人做过一顿饭。你的零花钱都来自爸爸妈妈，春节时还能收到不少压岁钱，工作和挣钱在你看来都是大人的事情，而想买什么东西只需要张嘴去要。

12 岁，马克·吐温因家庭变故不得不辍学。他离家开始独立工作，辗转多个城市，在报社当报童、排字工。尽管他早早离开了学校，但生活是最好的学堂。他不像你，有家长为你安排好全部生活，不缺少任何东西。这固然是你的幸运，但物质的富足也容易造成精神的虚弱。相反地，匮乏的生活却能让人变得坚强和独立，在今后遇到任何困境都毫不畏惧。

20 岁，你正在上大学，并开始思考将来从事什么职业。你在学校和网络上结交朋友，他们都是和你一样的年轻人。你遭遇的最大“挫折”可能只是考试失利或者一次失恋。

20 岁，马克·吐温走遍半个美国，做过排字工、记者、编辑、矿工、政府工作人员。他结识的朋友五花八门，从政府要员到底层贫民无所不有。失业是家常便饭，在西部拓荒潮中几度死里逃生，包括面临生死决斗，这也造就了他格外坚忍的意志和遇事乐观的精神。

24 岁，你已经大学毕业，找到了一份还不错的工作，这是因为你的父母希望你从事这个工作，或者你的同学们都在这个领域工作。你还记得自己小时候的理想，但你笑着觉得那只是异想天开。

24 岁，马克·吐温实现了自己童年的梦想，成为密西西比河上的一名领航员。他用水手的口令起的“马克·吐温”这个笔名伴随了他一生。密西西比河上的经历不仅成为马克·吐温文学创作取之不尽用之不竭的宝藏，更是支撑他一生的精神动力。他说：“不要放弃你的幻想。当幻想没有了以后，你还可以生存，但是你虽生犹死。”

30 岁，或许你在一个城市，甚至一个工作岗位工作了好几年，你羡慕别人的工作和生活，但对于改变自己的生活又会患得患失，犹豫不决。或许你已经换了好几份工作，总觉得自己明天就能成功，但那一天始终还没到来。

30 岁，小学辍学的马克·吐温告诉自己要做一个世界著名的文人，他开始勤奋地创作、投稿，并制订了具体可行的发表计划。他找到了自己最适合的方向，并一生再未改变。他告诫人们“只要专注于某一项事业，就一定会做出使自己感到吃惊的成绩来”。

45 岁，你有了自己的家庭，有了自己的房子，朝九晚五，过着稳定而忙碌的生活。你出差去过一些国家，每年也会带家人外出旅游，但那只是你生活的调剂。

45岁，马克·吐温已经多次出国游历，不仅自己遍游欧洲，甚至全家在欧洲旅居多年，他以这些见闻创作了多部旅行文学。正如他所说，“旅行是消除无知和仇恨的最好方法”，马克·吐温丰富的阅历不仅让他渊博和深刻，也让他宽容和睿智。

60岁，你快到退休年龄，积攒了足够晚年花销的金钱，全心期待着孙辈的降临。你已经不再有什么事业上的野心，也不希望平静的生活有任何改变。

60岁，马克·吐温享有世界级的声望，却遭遇破产的打击，他毅然决定环球演讲以偿还债务，东山再起。

72岁，你的生活波澜不惊，大部分时间待在家里看看电视。你几乎不参与外界的活动，社交活动就是和亲戚朋友聊聊天。你已经很少出远门，因为你觉得自己的身体承受不了长途飞行的颠簸。

72岁，马克·吐温仍然四处游历，飞越大西洋，参加各种政治和社会活动。他发表演讲，笔耕不辍，并开始创作卷帙浩繁的自传。

是的，这就是这世界上大多数人的生活与马克·吐温的生活的区别，同样是几十年的人生，但马克·吐温的生命无疑更为丰富和精彩。当1835年马克·吐温降生时，哈雷彗星穿越了地球的天际线。1909年，马克·吐温写下这样的文字：“我在1835年与哈雷彗星同来。明年它将复至，我希望与它同去。如果不能与哈雷彗星一同离去，将成为我一生中最大的遗憾。”1910年4月19日，哈雷彗星返回了地球，就在哈雷彗星离开的时候，马克·吐温也因心脏病发作而溘然长逝。如同他对自己的预言，一代文豪随哈雷彗星一同离去，但他的光芒永存。